개똥철학

개똥철학

초판 1쇄 | 2012년 1월 17일

엮은이 | 유동범
펴낸이 | 유동범
펴낸곳 | 도서출판 토파즈

출판등록 | 2006년 6월 26일 제313-2006-000137호
주소 | 서울시 마포구 합정동 387-10번지 2층
전화 | 02-323-8105
팩스 | 02-323-8109
이메일 | topazbook@hanmail.net

ISBN 978-89-92512-33-6(03890)

잘못 만들어진 책은 구입처에서 교환해드립니다.

개똥철학

삶의 어리석음을 비웃는 통쾌한 트집

유동범 엮음

토파즈

| 엮은이의 말 |

삐딱하게, 세상을 꼬집는다

개똥철학의 사전적 의미는 '대수롭지 않은 생각을 철학인 양 내세우는 것을 낮잡아 이르는 말'로 되어 있습니다. 학문적 소양이 부족한 사람이 아는 체하거나, 알량한 지식으로 혹세무민하는 등 주로 부정적인 의미로 쓰입니다. 철학인 듯 내세우지만 실은 개똥에 비교되는, 쓸모없는 철학이란 뜻입니다.

그렇다면 철학이란 무엇일까요? '인간과 세계에 대한 근본 원리와 삶의 본질 따위를 연구하는 학문'입니다. 지혜를 탐구하는 학문이요, 존재 세계의 신비를 탐구하는 학문이요, 사유의 학문, 삶의 근원을 탐구하여 더 나은 삶을 추구하기 위한 방법을 모색하는 학문이 바로 철학입니다.

그런데 저 아리스토텔레스 이래로 뿌리내린 철학은 오늘날 학생들을 가르치는 교수들조차도 한마디로 정의하기 힘들다고 하고, 그 탐구 영역도 무궁무진하다고 합니다. 그래서 모든 이들이 철학에 매달릴 수는 없습니다. 누구나 강단에 서는 것도 아니고, 저 딱딱하고 골치 아픈 철학서를 공부해 철학자가 될 필요도 없습니다. 대신에 우리에겐 매일매일의 일상생활이 있고, 추구해야 할 삶이 있습니다. 개똥철학은 바로 이런 소소한 일상에서 얻어지는 철학이라 할 수 있습니다. 일이나 오락, 취미활동 중에 나름대로 축적되는 생각과 긍지가 모여 하나의 가치관이 되고 철학이 되는 것입니다. 철학자에겐 철학이 필요하지만, 우리에겐 우리 나름의 가치관, 즉 개똥철학이 있어 즐겁습니다.

  모든 논리는 상대적입니다. 인간은 누구나 생각을 할 수 있고 자기주장을 펼칠 수 있습니다. 그리고 고귀한 사람의 모든 생각은 존중되어야 합니다. 똑같은 사물과 현상도 바라보는 사람의 시각과 입장에 따라 견해와 해석이 달라질 수 있습니다. 아주 상식적인 것 같아서 이견이 없을 것 같은 현상에 대해서도 의문을 가져보고 달리 생각해보면 뜻밖의 놀라운 이면을 발견할 수 있습니다. 달리 생각해보고, 삐딱하게 보고, 좀더 비판적으로 바라볼 때 변화무쌍한 통찰의 세계를 엿볼 수 있습니다.

  이 책은 짧은 이야기들을 엮은 우화집으로, 어느 페이지를 열어보아도 편안한 책입니다. 지극히 평범하면서도 짧은 내용이지만, 그냥 웃어넘길 수 없게 만드는, 깨달음을 주는 이야기들을 묶었습니다. 각 이야기 말미에 덧붙인 한두 줄의 풀이는 엮은이의 지극히 사적인 팁일 뿐이고, 말 그대로 개똥철학입니다. 모쪼록 즐거운 책 읽기에 도움이 되었으면 합니다.

| 차례 |

엮은이의 말 · 005

❶ 사랑에 대하여

편지 · 017
사랑의 한계 · 018
라라 · 020
선택 · 021
기적 같은 순간 · 022
한쪽 눈 · 024
의미 깊은 날 · 025
사랑의 힘 · 026
파랑새와 들쥐 · 028
엘리베이터 인생 · 030
더러운 것 · 031
그녀를 만났으나 · 032
씨앗만 팝니다 · 033
꿈속에서 · 034
신을 향한 기도 · 036
가족 · 038
다섯 번째 천사 · 040

광고인 · 041
숲 속의 여인 · 042
51년간 간직한 꽃병 · 044
생각해보니 · 046
희생의 대가 · 048
뜻밖의 선물 · 050
부처님 사진 · 052
전염병 환자 · 053
원숭이 · 054
수녀들의 편견 · 056
한마음으로 · 058
성자와 창녀 · 059
똑같은 유리라도 · 060
어느 연주회 · 062
현자 닐리 · 064
온통 그분 생각에 · 066
시계추 이야기 · 068
리스트와 여류 피아니스트 · 070

❷ 믿음에 대하여

줄 하나 · 075
세 탁발승 · 076
그들 가운데 있다 · 078
교회에 나타난 사탄 · 080
달라진 건 없다 · 082
선전 · 084
순간이 모여서 전체 · 085
종교박람회 · 086
기적 · 088

값도 못 물어봐? · 090
슬퍼하는 이유 · 092
신이 웃는다 · 093
우유통 · 094
움직이는 신전 · 096
20년 동안 · 098
죽음의 신을 만났을 때 · 100
나뭇가지 · 102
구렁이 한 마리 · 104
거래 · 106
무서운 사람 · 108
어리석은 제자 · 110
마지막 제자 · 112
간단한 이치 · 113
편애 · 114
칼을 가는 스승 · 116
추운 날 · 117
화려한 재산 · 118
쓸데없는 걱정 · 120
밤에만 필요한 신 · 122
주님이 보는 각도 · 124
사형장에서 · 125
종교적 신조 · 126
천사와 악마 · 127
아낙의 말 · 130

❸ 정치에 대하여

공자의 견해 · 135
교활한 군주 · 136
소용없는 것 · 138
지금 지옥에서는 · 140
노예 · 142
호랑이 조심 · 143
팬터마임 게임 · 144
공약 · 148
화학과 법률 · 150
셔츠는 안 돼 · 152
세 가지 단어 · 153
육체의 가격 · 156
독일이 패한 이유 · 158
게와 정치가 · 160
미쳐버린 왕 · 162
신발 · 164
삼단논법 · 165
위병 근무 · 166
모든 것은 지나간다 · 167
진짜 정치 · 170
수피의 편지 · 172
물라 나스루딘 · 174
선천적으로 · 176
선한 용모 · 177
판도라의 상자 · 178
수피가 된 왕 · 180
만족 · 182
도둑과 부자 · 183
불에 대한 망각 · 186
개 · 188

신문의 효능 · 190
반공산주의자 · 191
라마의 변신 · 192

❹ 편견에 대하여

우산 · 197
상대성 이론 · 198
머저리들 · 200
큰 나무, 작은 나무 · 202
철학자의 능력 · 204
대충 이해하다 · 205
개와 주인 · 206
완치된 환자 · 208
중요한 것 · 209
결정적인 순간 · 210
이미지 · 212
멈추는 순간 · 214
신부와 랍비 · 216
세 가지 소원이라고? · 218
나그네의 행과 불행 · 220
두 개의 천국 · 222
모세에 대한 불만 · 223
물고기가 물로 돌아가듯이 · 224
요약된 줄거리 · 226
닮은 점 · 227
활자화되지 않은 책 · 228
계율 · 230
너를 팔아라 · 232
부정과 긍정 · 234

포커 · 236
돌멩이의 가격 · 238
비난 · 240
약속 이행 · 241
임신하지 않은 이유 · 242
술 취하는 이유 · 243
같은 두 근도 · 244
그놈의 김 선비 · 246
신의 종, 신의 나무 · 248
미국에서는 모두 크다 · 250
구원 · 252

❺ 어리석음에 대하여

거짓말 · 255
밀크 · 256
곤충도 할 수 있는 일 · 258
알아낸 방법 · 260
2달러 잃다 · 262
계산 · 264
도둑맞았을 때 · 265
동굴 안의 보물 · 266
마차의 방향 · 268
대단한 솜씨 · 270
확률의 문제 · 271
아는 기도문 · 272
배심원의 수고 · 274
사연 · 275
은행 강도 · 276
죽지 않았다는 증거 · 277

금연 · 278
여우의 보복 · 279
잘못 걸렸다 · 280
나도 몰라 · 282
두 취객 · 283
터무니없는 항의 · 284
가짜 그림 · 286
쓸데없는 이야기 · 288
대머리가 된 남자 · 289
잃어버린 황금 · 290
타르 · 292
도둑은 나쁘지 않아 · 294
카네기 · 295
대단한 일 · 296
나도 저 정도는 · 297
슬픈 법률가 · 298
지네의 발 · 300
생활을 쫓는 남자 · 302
황금 배꼽을 가진 남자 · 303
돌팔이들 · 304
매와 올빼미 · 306
시련이 필요한 이유 · 307
교활한 사기꾼 · 308
진짜가 되어야 · 310
옷을 지킬 게 아니라 · 312
막강한 영향력 · 314
잠든 사람 · 315

1
사랑에 대하여

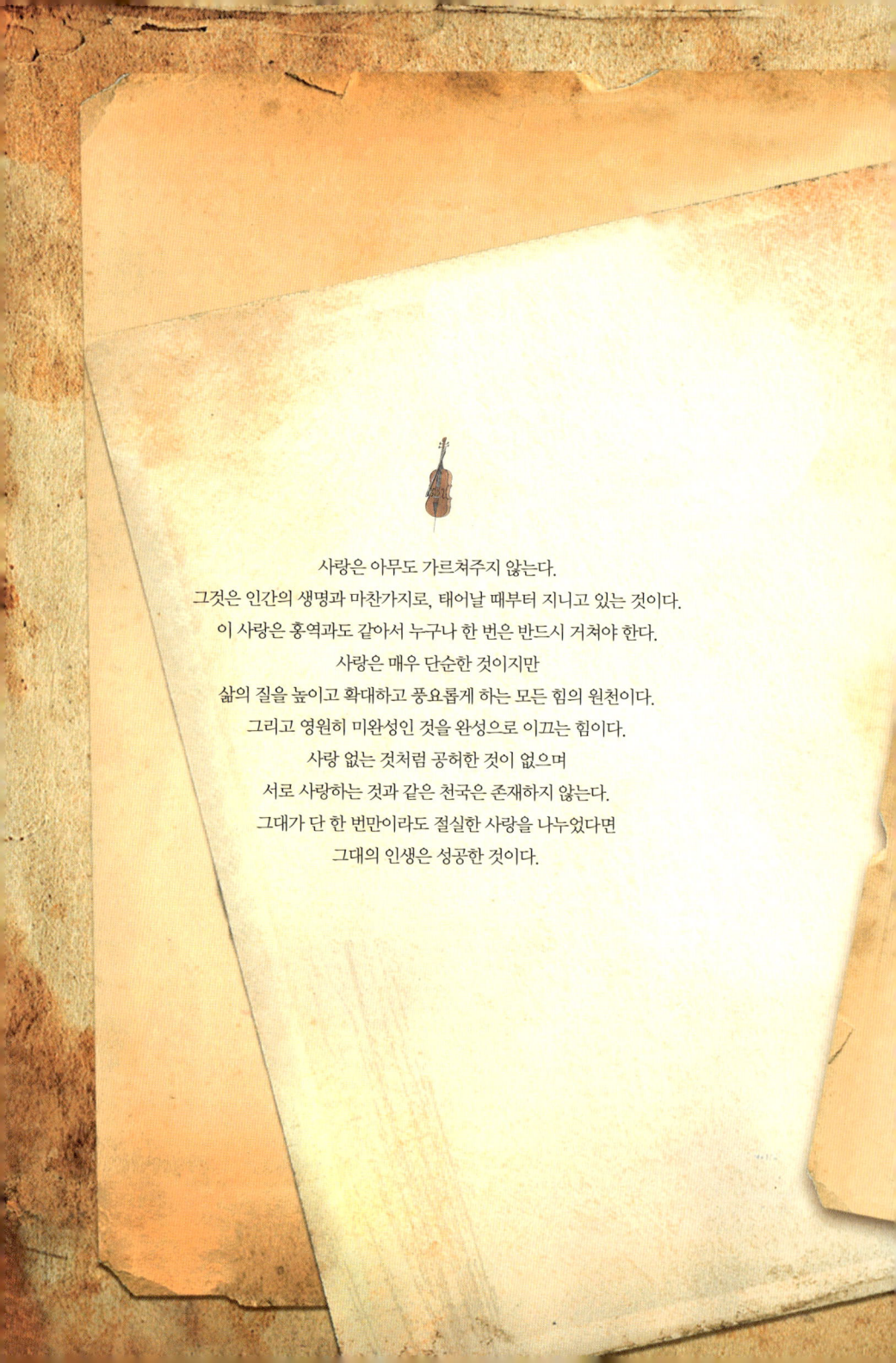

사랑은 아무도 가르쳐주지 않는다.
그것은 인간의 생명과 마찬가지로, 태어날 때부터 지니고 있는 것이다.
이 사랑은 홍역과도 같아서 누구나 한 번은 반드시 거쳐야 한다.
사랑은 매우 단순한 것이지만
삶의 질을 높이고 확대하고 풍요롭게 하는 모든 힘의 원천이다.
그리고 영원히 미완성인 것을 완성으로 이끄는 힘이다.
사랑 없는 것처럼 공허한 것이 없으며
서로 사랑하는 것과 같은 천국은 존재하지 않는다.
그대가 단 한 번만이라도 절실한 사랑을 나누었다면
그대의 인생은 성공한 것이다.

편지

어느 날 한 소녀가 오래 전에 아버지가 어머니에게 보냈던 연애편지 한 통을 발견했다.

그 내용은 무척 유치했지만, 한편으로 매우 그럴듯해 보였다. 그래서 자기한테도 남자친구가 있음을 은근히 과시하려고 그 내용 중 많은 부분을 인용해 편지를 쓴 다음 남자 이름으로 자기한테 보냈다. 그러고는 아무렇지도 않은 척 그 편지를 아버지에게 보여주었다.

그런데 편지를 받아 읽던 아버지의 얼굴이 붉으락푸르락 변했다.

"이놈 정말 멍청한 녀석이로군. 네가 이런 녀석과 사귀고 있다니, 정말 한심하구나!"

"아빠, 사실은 그게 저……."

"시끄러워! 이따위 유치하기 짝이 없는 편지를 쓰는 녀석은 당장 정신병원에 처넣어야 해!"

그런 아버지의 모습에 소녀는 한동안 입을 다물지 못했다.

소녀의 아버지는 과거에 자신이 그 편지를 썼고,
사랑할 땐 누구나 바보가 된다는 사실을 까맣게 잊고 있었다.

사랑의 한계

남편과 사별한 어느 여인은 세월이 꽤 흐른 뒤에도 슬픔의 굴레에서 헤어나지 못하고 있었다.

하루는 그녀의 애틋한 심정을 헤아린 점술가가 여인에게 잠시라도 죽은 남편을 만나게 해줄 생각으로 이렇게 말했다.

"당신이 그토록 그리워하는 남편을 만날 수 있는 방법이 있습니다."

"정말요?"

반색하는 여인의 표정을 살피며 점술가가 덧붙였다.

"하지만 그를 만나는 것은 단지 영혼으로, 즉 유령으로만 가능합니다. 그의 육체는 이미 불타버렸으니까요."

그 말을 듣고 난 여인이 고개를 설레설레 흔들며 말했다.

"전 진심으로 남편을 사랑했지만, 유령이 된 남편을 사랑하는 건 아니에요. 그런데 저더러 유령이 된 남편을 만나라고요? 당치도 않아요. 싫다고요!"

그 여인의 말에 점술가는 사람들이 말하는 사랑의 한계를 절감하며 씁쓰레 미소 지었다.

> 사랑한다, 사랑한다…… 수없이 사랑을 말하고 있지만,
> 영혼까지 사랑하는 인간은 많지 않다.

라라

　신경쇠약을 앓는 남자가 진료를 받으러 정신병원에 갔다.
　의사와의 면담을 기다리며 앉아 있는데, 고개를 끊임없이 앞뒤로 끄덕이며 '라라, 라라' 하고 웅얼거리는 환자가 눈에 띄었다.
　이윽고 차례가 되어 의사와 마주 앉은 남자는 조금 전에 보았던 환자에 대해 물어보았다.
　"그 사람, 왜 그러는 거죠?"
　의사가 말해주었다.
　"왜 그러긴요. 그를 차버린 라라라는 여자 때문이죠."
　"아하……!"
　진료를 마친 남자가 막 진찰실을 나설 때였다.
　이번에는 또 다른 환자가 벽에다 연신 머리를 들이박으며 '라라, 라라' 하고 울부짖고 있었다.
　남자가 배웅 나온 의사에게 다시 물었다.
　"저 사람도 라라를 들먹이는데, 대체 어찌된 영문이죠?"
　그러자 의사는 이렇게 대답해주었다.
　"저 사람이 바로 그 라라라는 여자와 마지막으로 결혼한 남자입니다."

집착한 것을 얻지 못하는 불행과, 집착한 것을 얻는 데서 기인하는 불행!
현실 속의 인간에게는 이 두 가지 불행만 존재한다.

선택

 결혼을 앞둔 음악가가 두 여자 사이에서 크게 갈등하고 있었다.
 그가 진심으로 사랑하는 여자는 무척 아름다웠다. 그러나 그녀는 가진 것이 거의 없다시피한 가난뱅이였다. 또 다른 여자는 매우 못생겼지만 부잣집 외동딸로, 누구와도 비교할 수 없을 만큼 목소리가 아름다운 가수였다.
 두 여자를 놓고 갈등하던 남자가 마침내 한 여자를 선택했는데, 그녀는 가수였다. 비록 못생기긴 했지만 그녀에게는 돈이 많았으므로 결혼 후 경제적인 고민 없이 음악에만 열중할 수 있을 거라고 생각한 것이었다. 그에게는 음악이 삶의 전부나 마찬가지였으므로.
 결혼식을 마친 두 사람은 그럭저럭 괜찮은 첫날밤을 보냈다. 서둘러 불을 끄는 바람에 그녀의 얼굴을 보지 않아도 되었던 것이다.
 그러나 침대에 누운 채 아침을 맞은 음악가는 문득 고개를 옆으로 돌렸고, 그녀의 얼굴을 보고야 말았다. 순간 말할 수 없는 불쾌감이 몰려왔다. 남자는 그녀의 옆구리를 쿡쿡 찌르며 소리쳤다.
 "노래, 노래나 불러! 빨리 노래나 부르라고!"

  사랑이 함께하지 않을 때의 비극…… 삶이 가장 고독해지는 순간이다.
그러나 신은 함부로 사랑을 내주지 않는다. 늘 선택을 강요하며 우리에게 질문을 던진다.

기적 같은 순간

　빌은 아버지와 단둘이 살고 있는 미식축구 선수였다. 왜소한 체구에 몸도 약해서 주전은 아니었지만, 중학교와 고등학교 모두 미식축구팀에 들어갔다. 항상 후보라 경기에 나서지는 못했지만, 언젠가 주전으로 뽑힐 거라는 희망을 버리지 않고 열심히 연습했다.
　그의 아버지 역시 성원이 대단했다. 경기가 있는 날이면 하루도 빠지지 않고 관중석에서 소리를 지르며 응원했다.
　대학에 들어간 빌은 또다시 미식축구팀을 지원했다. 비록 체격이 왜소했지만 놀랄 만한 투지를 높이 산 감독이 그를 받아들여주었다. 아들의 합격 소식에 누구보다도 기뻐한 빌의 아버지는 4년 동안 치러질 미식축구경기 입장권을 한꺼번에 몽땅 사버렸다. 그러나 빌은 4년 동안 단 한 차례도 시합에 나가지 못했고, 경기가 있을 때마다 아버지는 여전히 관중석을 지키고 있었다.
　졸업을 앞두고 마지막 시합이 있기 1주일 전이었다.
　빌은 뜻밖에도 아버지가 돌아가셨다는 연락을 받고 급히 고향에 다녀와야 했다.
　드디어 토요일의 마지막 시합 날, 경기는 빌이 속한 팀이 뒤지고 있었다. 빌은 속이 바짝바짝 타들어가는 감독에게 제발 한 번만 자신을 출전시켜달라고 사정했다.
　감독은 위기상황에서 그동안 한 번도 출전한 적이 없는 선수를 내보낸다는 건 무리라고 판단했다. 그러나 빌이 워낙 적극적으로 매달리자 결국 그를 내보낼 수밖에 없었다.

그런데 놀랍게도 빌이 들어간 뒤 경기의 전세가 뒤바뀌기 시작했다. 빌은 누구보다도 열성적으로 뛰었고 공도 잘 잡아냈다. 마침내 동점을 만들었고, 종료 1분을 남겨둔 상황에서 빌의 극적인 터치라인으로 팀은 승리를 거머쥐었다. 기적 같은 순간이었다.

경기가 끝난 뒤 감독이 빌을 얼싸안고 어찌된 일이냐고 물었다.

그러자 빌은 소년처럼 울먹이며 이렇게 대답했다.

"제 아버지는 장님이었습니다. 아버지는 모든 경기를 보러 왔지만, 제가 후보라서 뛰지 못한다는 사실을 알지 못했죠……. 하지만 이젠 돌아가셨기 때문에 오늘 처음으로 제가 경기하는 모습을 하늘나라에서 지켜보셨을 겁니다……."

기적이라는 게 한 번도 일어나지 않았다면 우리는 그러한 개념을 알지 못했을 것이다.
기적이란 너무나 복잡하기 때문에 쉽게 이해할 수 없는 자연적인 사실이다.

한쪽 눈

　한 부인이 일요 미사를 보던 중 높다란 발코니에 기대어 있다가 아래층으로 떨어졌다. 그녀는 매혹적인 외모로 평소 뭇 남성들의 시선을 잡끄는 부인이었다.
　사람들이 경악해하며 그녀가 죽거나 필시 크게 다쳤을 거라고 예상했다. 하지만 다행히도 드레스가 샹들리에에 걸린 덕분에 그녀는 공중에 아슬아슬하게 매달리게 되었다.
　아래위층 할 것 없이 미사에 참석한 사람들의 시선이 일제히 그녀 쪽으로 쏠리게 되었는데, 아래층에 있던 신부가 재빨리 청중들을 향해 외쳤다.
　"저 위를 올려다본 첫 번째 사람은 그 벌로 눈이 멀게 될 것입니다."
　그러자 청중 속에 있던 한 남자가 옆 사람에게 이렇게 속삭이는 것이었다.
　"내 한쪽 눈이 위험할 것 같은데……?"

사회가 강요하는 도덕은 절대 선도, 정의도 아니다. 전체일 수도 없다.
우리의 절반은 늘 길들여지기를 거부하며 저항하고 있다.
그대, 길들여지기를 거부하는 한쪽 눈으로 무엇을 볼 것인가.

의미 깊은 날

　청년 제임스가 백악관에서 사무원으로 근무하게 되었다.
　근무를 시작하고 며칠 되지 않은 어느 날, 대통령이 주최하는 백악관 임직원들을 위한 파티가 열렸다.
　파티가 거의 끝나갈 무렵, 제임스는 만약 자신의 어머니가 백악관으로부터 전화를 받게 된다면 놀라 까무러칠 거라고 판단하고 어머니를 기쁘게 해줄 생각으로 백악관 교환을 통해 집으로 전화를 걸었다. 그리고 어머니가 전화를 받자 무척 자랑스러운 목소리로 말했다.
　"어머니, 오늘은 제 생애에서 매우 뜻 깊은 날입니다. 아마 상상도 못하실 거예요. 전 지금 백악관에서 어머니한테 전화를 하고 있거든요."
　그러나 수화기 저편에 있는 어머니의 반응은 예상했던 것처럼 흥분된 목소리가 아니었다.
　통화가 거의 끝나갈 무렵 어머니가 말했다.
　"애야, 사실 오늘은 내게도 무척 의미 있는 날이었단다."
　제임스가 놀랍다는 투로 물었다.
　"그래요? 무슨 일인데요?"
　"응, 내가 마침내 다락방을 청소하지 않았겠니?"

부자가 죽어서 천당에 가는 일이 낙타 바늘구멍 빠져나가기라는 말이 있듯이,
죽어서 천국에 이르는 사람은 대부분 가난한 사람들일 것이다.
살아서도 마찬가지로, 행복은 고대광실(高臺廣室)보다 오막살이에 자리잡기가 쉽다.

025

사랑의 힘

지혜로운 솔로몬 왕에게는 매우 아름답고 영리한 공주가 하나 있었다.

어느 날 꿈을 꾸고 난 솔로몬 왕은 사랑스런 딸이 몹시 걱정되었다. 장래에 남편 될 사람이 공주와는 전혀 어울리지 않는 악한임을 예감했던 것이다.

그래서 솔로몬 왕은 공주를 어느 작은 외딴섬에 있는 별궁으로 데리고 가서 가둬놓고, 주위에 높은 담을 둘러친 다음 경비병을 배치해 감시케 했다.

그날 밤 잠자리에 든 왕은 또 꿈을 꾸었다.

꿈속에서 공주의 남편 될 사내가 어느 황량한 벌판을 혼자서 방황하고 있었다. 밤이 되어 벌판은 더욱 황량해졌고 추위와 굶주림에 지친 사내는 쉴 곳을 찾아 정처 없이 헤매고 다녔다. 그러다가 죽은 지 한참이 지난 사자 한 마리를 발견하고, 곧 그 사체 속으로 들어가 지친 몸을 눕혔다.

놀라운 일이 벌어진 것은 그 다음이었다.

불현듯 어디선가 커다란 새 한 마리가 나타나더니 사자와 함께 그 사내를 물어다가 공주가 갇혀 있는 별궁 위에 떨어뜨려주었다.

사랑은 힘이 세다. 무엇도 거역할 수 없는 운명이다.

파랑새와 들쥐

파랑새 한 마리가 여름 내내 아름다운 노래를 불렀다. 닥쳐올 추위나 먹을 것에 대한 걱정도 없이 오직 노래만 불러 산 속의 동물들을 즐겁게 했다.

그 근방에 들쥐 한 마리가 살고 있었는데, 파랑새와 달리 무척 부지런했다. 날이면 날마다 온갖 곡식을 끌어다가 곳간을 가득 채웠다.

계절은 쉼 없이 흘러 어느덧 겨울이 닥쳐왔고, 먹을 것이 없었던 파랑새는 여름내 부지런히 일한 덕택에 숲 속에서 제일가는 부자로 소문난 들쥐를 찾아가 먹을 것을 달라고 부탁했다.

하지만 들쥐는 파랑새의 게으름만 탓하며 들은 척도 하지 않았다. 결국 추위와 굶주림에 지친 파랑새는 얼어죽고 말았다.

파랑새의 죽음 따위는 아랑곳없이 들쥐는 먹을 것 가득한 곳간에서 포만감에 겨워 어쩔 줄을 몰랐다. 그러다가 문득 파랑새의 노랫소리가 들리지 않고, 숲 속이 매우 적막해졌다는 사실을 깨달았다. 들쥐의 삶은 견딜 수 없이 공허해졌다. 전에는 아무렇지도 않게 느껴지던 파랑새의 노래가 엄청나게 큰 의미로 다가왔다.

들쥐는 가슴이 뻥 뚫린 것처럼 허전했다. 너무나 쓸쓸하고 외로워서 견딜 수가 없었다. 어떻게든 파랑새의 노랫소리를 다시 듣고 싶었지만 파랑새가 죽고 없는 지금 그건 불가능한 일이었다.
　파랑새의 노랫소리를 듣지 못하게 된 들쥐는 점점 식욕을 잃어갔고, 결국 곡식이 가득 쌓인 곳간에서 서서히 죽어가고 말았다.

현대인들의 가장 큰 어리석음이 바로 물질적 풍요가 곧 행복이라고 착각하는 것이다. 끊임없는 생산과 생산, 정신이 빈 곳간에 끊임없이 쌓여만 가는 물질의 쓰레기……!

엘리베이터 인생

죽은 남편으로부터 막대한 재산을 물려받은 미망인이 있었다.

남편이 물려준 유산 중에는 시내에 위치한 커다란 빌딩 한 채가 있었는데, 미망인은 죽은 남편을 대신해 그 빌딩을 관리하기로 하고 아침마다 출근했다.

그날도 성질이 급한 편인 그 미망인은 빌딩 현관으로 들어서자마자 엘리베이터 버튼을 눌렀다. 하지만 때마침 건물 꼭대기 층에 머물고 있던 엘리베이터는 금방 내려오지 않았다.

미망인은 속을 부글부글 끓이며 기다렸고, 한참 뒤 엘리베이터 문이 열리자 그녀는 대뜸 안으로 들어서면서 '철썩' 소리가 나도록 안에 타고 있던 엘리베이터 걸의 뺨을 때렸다.

"대체 어딜 갔다 이제 온 거야?"

느닷없는 미망인의 행동에 엘리베이터 걸이 이렇게 항의했다.

"너무하세요, 부인. 이 비좁은 엘리베이터 안에서 갈 곳이 어디 있다고……."

우리 중 누구도 이렇게 사방팔방이 꽉 막힌 세상에서 살고 싶지는 않았다. 하지만 어쩌겠는가. 우리가 가진 문화와 환경이 '엘리베이터 인생'을 만들고 말았는데…….

더러운 것

한 부인이 자기 집을 찾아온 친구에게 이웃집 여자를 흉보기 시작했다.

"옆집 여자 말이야. 애들을 얼마나 꼬질꼬질하게 키우는지 말도 못해. 집 안도 엉망진창이고. 아휴! 그런 여자가 내 이웃이라니, 창피해 죽겠다니까! 빨랫줄에 걸어놓은 저 빨래 좀 보라고. 침대 시트에 묻은 때하며 저 얼룩! 수건도 꼭 걸레 같잖아?"

부인의 말에 의하면 이웃집 여자는 정말 게으르고 불결하기 짝이 없는 여자였다.

그러나 유리창가로 다가가 유심히 밖을 내다보고 난 친구는 이렇게 말하는 것이었다.

"내가 보기에 저 빨래들은 꽤 깨끗한 것 같은데? 더러운 것은 바로 네 유리창이야."

입만 열었다 하면 남을 헐뜯는, '양치질'이 필요한 입이 있다.
그러나 양치질하기 전에 먼저 할 일이 있는데, 바로 마음의 창을 닦는 것이다.

그녀를 만났으나

한 남자가 '완벽한 여성'을 찾기 위해 세계여행에 나섰다. 그는 이미 결혼적령기를 훨씬 넘겼지만 다른 여자들은 쳐다보지도 않고 오직 완벽한 여성만을 원하여 자신이 직접 찾아나섰다.

그러나 오랜 세월 동안 세상 곳곳을 찾아 헤맸지만 완벽한 여성을 만날 수는 없었다. 결국 그는 완벽한 여성을 찾는 노력을 포기한 채 쓸쓸히 집으로 돌아오고 말았다.

그가 돌아왔다는 소식을 듣고 한 친구가 찾아와 물었다.

"자넨 완벽한 여성을 찾는 데 평생을 허비하고 돌아왔군. 그래, 이 세상에 그런 여자가 단 한 명도 없던가?"

남자가 힘없는 목소리로 말했다.

"있긴 있었지. 꼭 한 명이 말이야."

"그래? 그래서 어떻게 됐나?"

남자는 몹시 우울한 표정으로 이렇게 말하는 것이었다.

"어떻게 되긴, 그 여자 역시 완벽한 남성을 찾고 있더군. 그래서 결국 아무런 일도 벌어지지 않았지 뭐……."

무지개를 좇아 산 너머 남촌까지 달려갔지만 그곳에서도 무지개는 무지개일 뿐이었다.
사랑은 마음이다.
마음의 행로를 좇아 황홀해하고 비련의 슬픔을 맛보기도 한다.
더러는 아예 그 지도를 잃어버리기도 하고……!

씨앗만 팝니다

일생 동안 지독히도 불행하게 살아온 여자가 있었다.

그녀는 입만 열었다 하면 자신의 신세를 한탄했는데, 어느 날 꿈을 꾸게 되었다.

꿈에 한 장사꾼이 나타나 말했다.

"저희 가게로 오십시오. 저희 가게에서는 원하는 것은 무엇이든 다 팝니다."

잠에서 깬 여인은 즉시 그 가게로 찾아갔다.

'원하는 것은 다 있다', '운명을 바꿀 수 있다'는 소리에 여자는 그렇게 기쁠 수가 없었다. 그녀는 지상 최고의 행복을 사서 다시는 불행의 늪에 빠지지 않으리라 결심했다.

가게로 찾아간 여자가 말했다.

"마음의 평화와 사랑, 지혜와 행복, 그리고 온갖 불행을 떨쳐버리게 해주십시오!"

그러자 가게 주인은 미소를 지으며 이렇게 말하는 것이었다.

"부인, 뭔가 잘못 아신 것 같은데…… 우리 가게는 열매를 파는 것이 아니라 씨앗만 팔고 있습니다."

노력 없이 행복을 찾아다녀선 안 된다.
행복은 하늘에서 우연히 떨어지는 것이 아니라 스스로 만들고 키워나가야 하는 것이다.
그대가 행복해지고 싶다면, 지금부터라도 사랑의 씨앗을 뿌리고 잘 가꿔나가라.

꿈속에서

　남자라면 사족을 못 쓰는 한 여자가 하루는 꿈을 꾸었다.
　꿈속에서 영화배우 뺨칠 정도로 잘생긴 남자가 나타나 곧바로 그녀에게 다가왔다. 그리고 거칠게 그녀의 옷가지를 벗겨내고 자신이 몰고 온 근사한 승용차에 태웠다. 그런 다음 어디론가 정신없이 달려가기 시작했다. 여자는 황홀감에 사로잡혀 입을 다물지 못했다.
　남자가 차를 세운 곳은 도심에서 한참이나 벗어난 어느 한적한 시골길이었다. 운전석에서 내린 남자는 우람한 근육의 팔뚝으로 가볍게 그녀를 안아 널찍한 뒷좌석으로 옮겨놓았다. 그러고는 그녀의 얼굴을 빤히 응시했다.
　더 이상 참을 수가 없게 된 여자가 떨리는 목소리로 물어보았다.
　"이제 뭘 하실 거죠?"
　그러자 남자가 대꾸했다.
　"그걸 난들 어떻게 알겠소? 이건 당신 꿈인데……."

보고 듣고 학습한 모든 진리가 그대의 것이다.
따라서 그대에게는 그 진리에 대해 해석할 수 있고 기쁨을 누릴 자격이 있다.
하지만 그것이 다른 사람에게도 통할 거라고 예단하지 마라.
그것은 단지 그대에게 적용되는 진리이며, 꿈일 뿐이다.

신을 향한 기도

　어느 마을에 거룩한 성자 사제가 살고 있었다. 그는 덕망이 높은 성자여서 사람들은 무슨 문제가 있을 때마다 그 사제를 찾아가 어려움을 털어놓았다. 그러면 사제는 홀로 숲 속의 은밀한 곳으로 들어가 신께 특별한 기도를 드렸고, 신도 그 기도를 기쁘게 받아들여 곤경에서 벗어날 수 있는 지혜를 주었다.

　그러던 중 그 거룩한 성자 사제가 유명을 달리하고 그의 후계자가 뒤를 잇게 되었다. 후계자는 거룩한 사람은 못 되었지만 성자 사제가 홀로 기도하던 숲 속의 은밀한 장소와 특별한 기도문을 알고 있었다. 그래서 그는 마을 사람들이 곤란한 문제를 가지고 찾아오면 숲 속의 은밀한 장소를 찾아가 특별 기도문을 외우며 다음과 같이 기도했다.

　"신이시여, 당신은 제가 거룩한 사람이 아님을 잘 알고 있습니다. 그렇다고 우리 마을을 모른 체하진 않으시겠죠? 부디 제 기도를 들으시고 우리를 도와주십시오."

　신은 그 기도를 어여삐 여겨 그와 마을 사람들을 도와주었다.

　얼마 후 그 사제 역시 명을 달리했고 다른 후계자가 뒤를 이었다. 그런데 이번 후계자는 특별한 기도문만 알고 있을 뿐 기도를 드리는 숲 속의 은밀한 장소에 대해서는 전혀 알지 못했다. 그래서 마을 사람들이 고민을 물어오면 그는 이렇게 기도했다.

　"신이시여, 세상 어느 곳이든 당신은 존재하십니다. 따라서 세상의 어느 곳이라도 거룩한 장소가 아니겠는지요? 그러니 저의 기도를 뿌리치지 마시고 우리 마을을 도와주소서."

신은 다시 그의 기도를 들어주었고 마을은 신의 축복으로 문제를 해결할 수 있었다.

그 사제 역시 죽고 이번에는 숲 속의 은밀한 장소도, 특별한 기도문도 모르는 사제가 뒤를 이었다. 마을에 문제가 생기자 그는 이렇게 기도했다.

"신이시여, 당신께서 중히 여기시는 것은 형식적인 기도가 아니라 절망하는 가슴에서 울부짖는 진실된 마음입니다. 그러니 저의 간절한 기도를 뿌리치지 마시고 거두어주소서."

그리하여 마을 사람들은 여전히 신의 도움을 받을 수 있었다.

그 사제가 죽고 또 다른 사제가 뒤를 이었다.

그런데 이번 사제는 애초부터 기도에는 별달리 마음이 없는 사람이었다. 마을 사람이 찾아와 고민을 털어놓자 그 사제는 신을 향해 다음과 같이 외쳤다.

"신이시여, 당신은 당신께서 만드신 세상의 문제들을 힘 하나 들이지 않고 간단하게 해결하실 능력을 지닌 분이십니다. 그런데도 사람들이 당신께로 나아가 울며 간청할 때까지 손가락 하나 까딱하지 않고 계십니다. 당신은 대체 무엇을 하는 신입니까? 마음대로 하십시오!"

물론 신은 다시 한 번 그 기도를 들어주었다.

아무리 훌륭한 기도나 종교일지라도 신을 데려다 만져보게 해줄 수는 없으며,
신을 향한 여행 가이드 노릇 역시 수행하지 못한다.
신에게는 애초부터 종교가 없기 때문이다.
하지만 간절한 기도와 편협하지 않고 진실된 삶은 신에게 이르는
훌륭한 지름길이 되어줄 것이다.

가족

여러 식구가 모여 사는 어느 집안의 아들이 자기가 이웃집 여자와 사귀고 있으며 그녀와 결혼하겠다고 선언했다.

그러자 깜짝 놀란 가족들이 돌아가며 자신의 의견을 말하기 시작했다.

"애야, 그 앤 가난해서 안 돼. 가진 거라곤 빈 몸뚱이뿐인 걸."

아버지의 말에 어머니도 퉁명스럽게 덧붙였다.

"가난한 주제에 알뜰하지도 못하지. 낭비벽이 어찌나 심한지…… 쯧쯧!"

여동생도 거들었다.

"얼굴도 별로잖아?"

그런 식으로 형, 남동생, 심지어 다 늙은 할머니까지 지루하게 불평을 늘어놓았다.

식구들의 험담이 끊임없이 이어지자 그때까지 마지못해 듣고 있던 아들이 벌떡 일어서며 한마디 했다.

"그런데 그 앤 저의 모든 장점을 합친 것보다 더 나은 장점 하나를 가지고 있어요."

가족들이 눈을 휘둥그레 뜨며 물었다.
"그게 뭔데?"
아들이 소리쳤다.
"뭐냐고요? 그건 바로 그녀에겐 가족이 한 사람도 없다는 거예요!"
그제야 식구들은 입을 꾹 다물었다.

누군가가 소금 한 움큼을 뿌리더라도 그대에게 궤양이나 다른 외상이 없다면
아무런 해도 입지 않을 것이다.

다섯 번째 천사

때는 신이 세상을 창조하느라 분주해할 무렵.
하루는 천사 넷이 신을 찾아와 차례대로 질문을 던졌다.
먼저 첫 번째 천사가 말했다.
"잘 돼갑니까?"
두 번째 천사는 이렇게 물었다.
"무엇 때문에 이런 일을 하시죠?"
뒤이어 세 번째 천사도 물었다.
"뭐 도와드릴 일이라도 있습니까?"
네 번째 천사는 이렇게 물었다.
"대체 그런 게 얼마만한 가치가 있는 겁니까?"
그런데 이들의 직업을 살펴보면 첫 번째 천사는 과학자, 두 번째 천사는 철학자, 세 번째 천사는 남을 추종하는 이타주의자, 그리고 네 번째 천사는 부동산업자였다.
이들 외에 또 다른 천사가 있었는데, 아무런 질문도 하지 않고 경이로운 시선으로 신이 하는 일을 바라보며 즐거워할 뿐이었다.
그 다섯 번째 천사는 신비주의자였다.

남의 행동을 두고 이렇다 저렇다 간섭하려 하지만 정작 스스로는 실천하지 않는 자,
혹은 맹목적인 믿음 하나로 신의 얼굴을 완성하려 애쓰는 자여,
그대는 단 한 번이라도 그대 자신이 창조주가 되어볼 생각은 없는가?

광고인

　많은 남자들로부터 구애를 받아오던 아리따운 숙녀가 마침내 한 남자를 선택해 결혼에 골인했다.
　잘생긴 외모의 그는 유명 광고회사의 직원으로, 젊은 나이에 초고속 승진을 한 장래가 매우 촉망되는 남자였다. 주위 사람들 모두 두 사람의 결혼을 매우 이상적인 결합이라며 아낌없이 축복해주었다.
　그런데 그런 기대가 무색하게 결혼한 지 1주일도 안 되었는데 신부가 갑자기 이혼을 제기하고 나섰다. 그것도 전혀 엉뚱하게 섹스문제로!
　"대체 그가 어떻게 했기에 그러니?"
　신부가 울먹이며 자기 친구에게 사실을 털어놓았다.
　"아무것도."
　"?"
　"광고인들이란 정말…… 그가 하는 일이란 게 고작 매일 밤 침대에 걸터앉아 섹스가 얼마나 근사하고 멋진 것인가에 대해 설명하고 또 설명하는 것일 뿐이야. 단지 그것뿐이라고!"

신의 세계, 근사한 천국을 광고하는 종교인들!
천국이 그렇게 좋다면 그대들은 무슨 까닭으로 그 멋진 곳을 마다하고
하루라도 더 이 지옥 같은 땅에•머무르려 안달하는가!

숲 속의 여인

어느 숲 속에 홀로 칩거 중인 아름다운 여인이 있었다.

그녀는 외롭고도 아름다웠다. 흡사 나무 한 그루라도 된 양 묵묵히 숲 속에서 생활하고 있었지만 사람들은 그녀를 가만히 놓아두지 않았다. 그녀를 흠모하는 남자들이 수시로 찾아와 유혹했던 것이다.

"당신을 세상에서 가장 행복한 여인으로 만들어주겠소. 그러니 나와 같이 세상으로 나갑시다."

"당신이 원하는 것이 무엇이오? 다이아몬드? 비단옷? 아니면 수많은 시종들을 거느린 궁궐 같은 집? 내게는 그 모든 것을 살 수 있는 금이 있소. 그러니 나와 결혼해주시오."

수많은 사내들이 많은 조건을 제시해가며 그녀의 마음을 사로잡으려 안간힘을 썼다.

그럴 때마다 그녀는 조용히 미소 지으며 이렇게 속삭였다.

"그래요, 세상에는 비단옷과 다이아몬드, 그리고 궁궐 같은 집이 있지요. 하지만 이 숲 속에는 진실이 있어요. 비단옷과 다이아몬드가 아무리 좋더라도 숲 속의 이 진실에 비하면 아무것도 아니에요. 그런데 왜 당신은 내가 저 바깥세상으로 나가기만을 원하죠? 당신이 이 숲 속으로 들어올 순 없나요?"

여인이야말로 숲의 정령이다. 숲 속에서 자연과 더불어 숨쉬고 살아가는
그녀야말로 가장 깨끗하며 인간적이고 진실되게 살아가고 있다.
그런데 우리 인간들은 문명이라는 불도저로 맘껏 그녀를 유린하고 겁탈하고,
급기야 아예 깡그리 밀어 없애려 한다.

51년간 간직한 꽃병

네덜란드에 있는 작은 마을에서 조촐한 잔치가 벌어졌다.

그 마을에서 태어나 결혼하고 아이를 낳으며 70년을 함께 해로한 어느 노부부의 결혼 50주년을 축하해주는 자리였다.

오랫동안 노부부를 지켜봐온 마을 사람들은 한 번도 그들이 목소리를 높여 다투는 모습을 본 적이 없었다. 노부부의 입가에선 언제나 잔잔한 미소가 떠나지 않았다. 그들은 또 부지런히 일해 자식 셋을 훌륭한 어른으로 성장시켰다.

잔치가 열리는 날, 그들 부부의 조그만 앞마당은 많은 사람들로 북적거렸다.

그 집은 깔끔하게 정돈되어 있었는데, 거실 탁자 위에 놓인 깨진 꽃병 하나가 눈에 띄었다. 그 꽃병은 잔칫집에 전혀 어울리지 않게 흉한 모양새였다. 몇몇 아낙이 그것을 치우려 했지만 할머니는 한사코 그 자리에 놓아두라고 했다.

이윽고 노부부가 손을 꼭 잡고 손님들에게 인사를 하러 거실로 나왔다. 사람들의 따뜻한 박수를 받으며 할머니가 먼저 입을 열었다.

"대단치도 않은 일로 이렇게들 많이 찾아와주셔서 감사합니다. 남편과 제가 결혼한 지 벌써 50년이나 되었군요. 그 세월이 참 빠르게 느껴집니다."

할머니는 감격에 겨운 듯 잠시 눈시울을 붉히고 말을 이었다.

"남편과 제가 오늘날까지 아무 탈 없이 결혼생활을 지속해올 수 있었던 것은 바로 저 깨진 꽃병 때문이랍니다. 남편에게 실망할 때나 여러 가지 힘든 일로 괴로울 때마다 저 꽃병이 나를 지켜주었지요."

사람들의 눈에는 호기심이 가득했고, 할머니는 말을 이었다.

"51년 전 늠름한 청년이었던 남편은 제 방에서 청혼을 했습니다. 그때 얼마나 가슴이 뛰었던지……. 감격한 나머지 이리저리 돌아다니다 그만 탁자 위의 꽃병을 깨뜨리고 말았습니다. 저 깨진 꽃병은 그날 내가 느낀 감격, 바로 그것입니다. 그래서 그 감격을 잊지 않기 위해 꽃병을 눈에 잘 띄는 곳에 놓아두었지요."

할머니의 시선을 좇아 사람들의 시선이 일제히 탁자 위로 모아졌다. 깨진 꽃병이 햇볕을 받아 아름답게 빛나고 있었다.

*사랑이 추구하는 열매는 오늘이나 내일을 위한 것도 아니고
어느 한 시기만을 위한 것도 아니다.
그것은 그 자체로 충분한 것이다.*

생각해보니

밥벌이도 못한 채 하루하루를 빈둥거리며 살아가는 부부가 있었다. 어느 날 아내가 남편에게 푸념을 늘어놓았다.
"여보, 전 지금 우리의 생활에 대해 심한 부끄러움을 느껴요."
"아니, 왜?"
의아해하는 남편의 표정을 쏘아보며 아내가 말했다.
"당장 보세요. 집은 아버지가 마련해주었고, 음식과 옷값은 형님 내외분이 보내주고 있잖아요. 그것뿐인가요? 수도세와 전기세는 삼촌이 부담해주고, 날마다 보는 신문 구독료와 아이들 양육비는 매달 친구들이 내고 있으니 말이에요."
그 말을 들은 남편이 고개를 끄덕였다.
"그건 나도 알고 있소."
"제가 지금 불평을 늘어놓자고 이러는 건 아녜요. 단지 전 우리가 계속 이런 식으로 살 수는 없다는 거죠. 무슨 방법을 찾아야 해요."
남편이 뭔가를 골똘히 생각하더니 이윽고 입을 열었다.

"물론이지. 우리도 무슨 일이든 하긴 해야 하오. 사실 요즘 들어 나도 그 문제를 매우 심각하게 생각해오고 있었소. 그런데 생각해보니, 여태껏 우리한테 땡전 한 푼 보내주지 않는 당신 오빠와 두 고모님이 계시더군!"

한없이 남에게 의지하려고 작정해보라.
당신의 오빠와 고모는 물론이고 오빠의 친구, 그 친구의 고모,
그녀의 사촌, 그 사촌의 팔촌…… 끝도 없이 많지 않은가!
그대는 어디에 있는가!

희생의 대가

거센 폭풍우가 몰아치던 밤, 바닷가 작은 마을에 위기가 찾아왔다.
휘몰아치는 사나운 폭풍이 고기잡이배 한 척을 에워쌌다. 위험에 처한 선원들은 황급히 구조신호를 타전했다.
어부들의 무사 귀환을 기다리고 있는 마을에서도 비상이 걸렸다. 구조대장이 경보음을 울리자 주민들 모두 마을 광장에 모였다.
곧 건장한 젊은이들을 중심으로 구조대가 꾸려졌고, 그들이 노를 저어 거센 파도와 싸우며 앞으로 나아가는 동안 주민들은 랜턴으로 바다를 비추며 초조하게 기다렸다.
그로부터 한 시간쯤 뒤 거센 파도를 헤치고 구조대원들의 배가 돌아왔다. 주민들은 환성을 지르며 그들에게로 달려갔다.
지친 구조대원들이 모래밭에 쓰러지며 주민들에게 보고했다. 인원이 넘쳐 더 이상 태울 수가 없었기 때문에 어쩔 수 없이 한 사람을 남겨두고 왔다고. 한 명을 더 태웠으면 구조선까지 파도에 휩쓸려 모두 생명을 잃고 말았을 것이라고!
구조대장은 그 외로운 생존자를 구하기 위해 다른 자원봉사자를 찾았다.
바로 그때 고등학교에 다니는 한스가 앞으로 걸어 나왔다. 그러자 한스의 어머니는 아들의 팔을 붙잡으며 애원했다.
"안 된다, 얘야. 제발 가지 마라. 네 아버지도 10년 전에 배가 난파되어 죽지 않았니. 며칠 전엔 네 형 파울이 바다에서 실종됐고……! 이제 나한테 남은 건 한스 너뿐이야!"

한스는 어머니를 위로하며 당당하게 말했다.

"어머니, 전 가야 해요. 모두가 '난 갈 수 없어. 다른 누군가가 이 일을 할 거야' 라며 구경만 하고 있으면 어떻게 되겠어요? 제가 나설게요. 남을 위해 자신을 희생하라는 부름이 왔을 땐 누구든지 그렇게 해야 해요."

한스는 어머니를 포옹하고 나서 구조대에 합류했다. 그러고는 어둠 속으로 사라졌다.

다시 한 시간이 지났다. 한스의 어머니에게는 영원처럼 느껴지는 시간이었다.

마침내 구조대원들이 탄 배가 다시 어둠 속을 뚫고 나타났다. 구조선 뱃머리에는 한스가 서 있었다.

마을 사람들이 소리쳐 물었다.

"실종자를 구조했니?"

지친 몸을 간신히 지탱하면서 한스가 흥분된 목소리로 소리쳤다.

"예, 구조했어요! 제 어머니한테 전해주세요! 그 실종자가 바로 우리 형 파울이라고요!"

희생 없이 풍요를 창조할 수는 없다.
위대한 사람들의 발자취를 보라. 그들이 걸어온 길은 하나같이 괴로움의 길이며 자기희생의 길이었다. 자신을 희생할 줄 아는 사람만이 위대해질 수 있다.

뜻밖의 선물

본당 신부의 생일을 맞아 아이들이 선물을 들고 찾아왔다.
신부가 먼저 어린 리사로부터 예쁜 선물 꾸러미를 받아들고 말했다.
"오, 이건 책이로구나."
"맞아요. 근데 신부님은 그걸 어떻게 아셨죠?"
"신부님은 모르는 게 없단다."
사실 리사의 아버지는 마을에서 조그만 서점을 운영하고 있었다.
이번에는 존이 선물 상자를 내밀었고, 그것을 받아든 신부가 또 한마디 했다.
"존은 스웨터를 가져왔구나."
"맞아요, 신부님. 어떻게 아셨어요?"
"응, 신부님은 모르는 게 없지."
신부는 존의 아버지가 옷가게를 하고 있다는 사실을 진작부터 알고 있었다.
그런 식으로 풀어보지 않고도 내용물을 하나하나 알아맞히며 선물을 받은 신부가 이번에는 잭 앞에 다가섰다.
잭의 아버지는 시내에서 술집을 운영하고 있었고, 마침 선물을 싼 포장지가 젖어 있었다.
선물을 받아들며 신부가 말했다.
"오, 우리 잭은 신부님께 위스키를 가져왔는데 약간 흘렸구나."
그 말에 잭이 고개를 흔들었다.

"아뇨, 신부님. 위스키가 아니에요."
"그래? 그렇다면 와인이겠구나."
"아니에요."
선물을 든 신부의 손이 조금씩 젖어들기 시작했다.
신부는 젖은 손가락을 입가에 대어 맛을 보았다. 하지만 그게 뭔지 도저히 짐작할 수가 없었다.
"이거 진(Gin) 아니냐?"
"아니에요."
마침내 잭이 입을 열었다.
"그건 강아지예요, 신부님. 강아지가 오줌을 싼 거라고요."

신과 통한다고 자처하는 종교인도 모르는 게 너무 많은 현실이다.
그렇다고 그들을 탓할 필요는 없다. 어느 시대나 그들은 성소를 지키는 관리인에 불과했다.

부처님 사진

　어느 학생의 어머니가 지방에서 혼자 공부하고 있는 아들의 기숙사를 찾아갔다.
　그런데 아들이 기거하는 방 안으로 들어서기가 무섭게 어머니의 두 눈이 휘둥그레졌다. 벽이 온통 도색잡지로 도배되어 있는 게 아닌가.
　하지만 그녀는 아들에게 단 한마디도 비난하지 않았다. 대신 자신이 지니고 있던 부처님 사진 한 장을 그 어지러운 여자 그림들 사이에 붙여놓았다.
　그로부터 몇 달 뒤 다시 아들의 방을 찾은 어머니는 이전과 달리 말끔하게 정리되어 있는 벽을 보고 무척 기뻐했다. 그 어지럽던 사진들은 온데간데없고 자신이 붙여놓은 부처님 사진만 남아 있었다.
　대견해하는 어머니에게 아들이 머쓱한 표정을 지으며 말했다.
　"왠지 부처님 사진과 그것들을 나란히 걸어둬서는 안 될 것 같더라고요. 그래서 그것들을 몽땅 치워버렸죠."

실오라기 빛 한 줄기도 어둠을 몰아낼 수 있다.
그 첫 번째 빛줄기를 받아들이는 것이 중요하다.

전염병 환자

한 유대인 남자가 쓰러져 병원으로 실려갔는데, 진찰 결과 무서운 전염병이었다. 의사는 즉시 그를 전염병 환자 병동으로 격리시킨 뒤 얼마 못 살 테니 마지막 기도나 하라고 일러주었다.

그런데 모든 것을 체념한 듯한 남자의 부탁이 묘했다. 자신의 마지막 기도를 위해 기독교 목사를 불러달라는 것이 아닌가.

"이보시오, 당신은 유대인 이잖소. 그런데 왜 목사를 찾는 거요?"

주변 사람들이 의아해하며 묻자 남자는 가쁜 숨을 몰아쉬며 이렇게 말했다.

"우리 유대교 랍비님을 이런 지옥 같은 곳으로 부를 순 없지요……!"

저주의 세계는 까맣다.
두 눈을 아무리 치켜뜨지만 보이는 건 어둠뿐이다.

원숭이

    금실 좋고 마음씨 고운 농부 부부가 있었다. 그들은 날마다 신을 숭배하며 열심히 살았지만 이상하게도 자식이 없었다.
    그러던 어느 날이었다. 그날도 밭에 나가 열심히 일을 하던 부부는 어린 원숭이 새끼 한 마리를 발견했다. 그 원숭이는 작고 무척 귀여웠는데, 아이가 없어 적적하던 부부는 곧 그 원숭이를 집으로 데려가 마치 친자식이라도 되는 양 우유를 먹여가며 정성껏 길렀다. 새끼 원숭이 역시 줄곧 부부를 따라다니며 친자식처럼 재롱을 떨어댔다.
    그러는 사이에 농부의 아내가 아이를 갖게 되었고, 얼마 지나지 않아 예쁜 옥동자를 낳았다. 부부는 이제 원숭이 아들과 진짜 아들, 두 명의 자식을 거느리게 된 것이다.
    그로부터 5개월쯤 지난 어느 날, 농부의 아내가 어린 아들을 요람에 눕혀놓고 원숭이에게 말했다.
    "동생 잘 보고 있어."
    그러고는 평소와 다름없이 남편과 함께 일을 하러 들로 나갔다.
    그로부터 얼마쯤 지났을까. 갑자기 코브라 한 마리가 나타나더니 아기의 요람 위로 기어올라갔다. 그것을 본 원숭이가 얼른 입으로 그 코브라를 물어 아이를 구했다. 그러고는 죽은 코브라를 옆에 놔두고 부부에게 알리기 위해 밭으로 뛰어갔다.
    밭에서 일을 하던 부부는 원숭이의 입 언저리가 피투성이인 것을 보고 기겁을 했다.

"이 원숭이 녀석이 내 아기를 죽였구나! 아이고!"

그렇게 말하고는 조금의 여유도 주지 않고 원숭이에게 달려들어 때려죽이고 말았다. 그런 다음 정신없이 집으로 달려갔다.

그런데 이게 웬일인가.

아기는 멀쩡하고 요람 옆에는 커다란 코브라 한 마리가 죽어 있는 게 아닌가.

뜻밖의 상황에 부부는 자신들의 경솔한 행동을 뉘우치며 통곡했지만 때는 이미 늦어버린 뒤였다.

후회의 순간은 이미 그 판단이나 결정이 지나간 뒤라서 항상 늦다.
하지만 한 번의 후회를 잘 이용할 수도 있다. 깊이 후회한다는 것은
새롭게 시작하겠다는 각오가 될 수 있으므로.

수녀들의 편견

 가톨릭 수도원과 강 하나를 끼고 마주한 곳에 몇 달째 군부대가 주둔하고 있었다.
 하루는 그 부대 옆으로 막사가 새로 들어섰는데, 바로 위안소(慰安所) 건물이었다. 그것은 공교롭게도 수도원과 정면으로 마주 보고 있어서 단번에 수녀들의 이목을 집중시켰다.
 어느 한적한 오후, 기독교 목사가 잔뜩 주위를 경계하면서 위안소 안으로 숨어들어갔다.
 때마침 강 건너편에서 그 광경을 본 수녀들이 격분해 마지않는 표정으로 비난을 퍼부었다.
 "기독교 작자들이 뻔하지! 겉으로는 그럴싸해도 뒷구멍으론 꼭 저런다니까!"
 그로부터 이틀이 지난 후, 이번에는 유대교 랍비가 그 안으로 들어갔다.
 "그럼 그렇지. 유대교도가 별수 있겠어? 정말 구제받지 못할 인간들!"

다시 이틀 후, 이번에는 가톨릭 신부가 그 건물로 들어가는 모습이 수녀들의 눈에 띄었다.

그러자 수녀들은 한결같이 이렇게 말했다.

"저 안에 있는 창녀가 죽은 모양이지?"

저주의 비수로 원수를 확인 사살하라. 그래야 천국의 빛이 가까워 오리니…….
그대들이 말하는 하늘의 율법이 이것인가!

한마음으로

  남의 물건이나 훔치는 도둑질로 젊은 시절을 탕진한 사내가 있었다.
  그런 사내가 딱 한 번의 어떤 특별한 계기로 종교에 눈을 뜨더니, 범죄자의 탈을 벗어던지고 매우 독실한 신자로 변신했다. 그래서 십수 년이 지난 뒤에는 자신도 어느덧 악의 수렁에서 벗어나 성심성의껏 신을 섬기는 새로운 인생을 살고 있다고 자부하기에 이르렀다.
  그에게 어린 딸이 하나 있었는데, 어느 날 아빠 무릎 위에 앉은 딸이 뽀뽀를 해주며 물었다.
  "아빤 절 사랑하죠?"
  아빠가 빙그레 미소를 지으며 대답했다.
  "그럼, 사랑하고말고."
  딸이 다시 물었다.
  "아빤 주님도 사랑하죠? 항상 말씀하시는 것처럼요."
  아빠가 확신에 찬 어조로 대답했다.
  "그럼. 아빤 주님을 무척 사랑한단다."
  그러자 딸은 이렇게 되묻는 것이었다.
  "치, 아빠도…… 어떻게 한마음으로 둘을 사랑할 수 있죠?"
  "……!"

달라졌지만 정작 달라진 건 아무것도 없다.
요란했지만 혁명은 일어나지도 않았다……!

성자와 창녀

이웃해 살던 성자와 창녀가 우연히도 같은 날에 죽어서 저승에 갔다. 그런데 이상하게도 창녀는 천국에 가고, 성자는 지옥으로 끌려갔다.

판결은 내려졌지만, 두 사람을 데리러 온 저승사자들은 뜻밖의 결과에 몹시 당황해했다.

"이게 어떻게 된 거지? 서로 뒤바뀐 것 아냐?"

그들의 마음속을 들여다보기라도 한 듯 곧 신의 음성이 들려왔다.

"잘못된 것은 하나도 없다."

"!"

신의 설명이 이어졌다.

"물론 성자는 성스러운 사람이었지. 하지만 그는 내심 창녀의 생활을 부러워했다. 밤마다 창녀의 집에서 펼쳐지는 성의 환락을 훔쳐보며 신열에 들떠 있었지. 심지어 나한테 기도할 때조차도 말이다. 하지만 창녀는 그렇지 않았다. 비참한 현실을 살아가면서도 성자가 자신으로서는 도저히 넘볼 수 없는 해탈의 경지에 살고 있다고 여기고 늘 부러워했지. 그렇게 창녀는 늘 성자의 생활을 동경했고, 반대로 성자는 늘 창녀의 쾌락에 굶주려 있었던 것이다. 서로 정반대로!"

성스러운 현실이 성스러운 내세를 보장해주진 않는다.
비참한 현실 역시 비참한 미래로 이어지진 않는다.
그렇지 않다면 희망이란 대체 무엇에 쓰는 괴물이란 말인가!

똑같은 유리라도

한 청년이 물라(Mullah, 이슬람공동체 지도자)를 찾아와 엎드려 물었다.

"물라님, 전 도저히 이해할 수 없는 점이 있습니다. 가난한 사람들은 힘이 닿는 데까지 서로를 돕고 위해줍니다. 그런데 부자들을 좀 보십시오. 그들은 재물이 많은데도 자기 몫을 챙기느라 남을 도울 겨를이 없습니다. 대체 어째서 이런 일이 계속되는 것이지요?"

질문을 받은 물라가 자리에서 일어나 창가로 다가서며 말했다.

"창문으로 밖을 내다보시오. 무엇이 보입니까?"

청년은 시키는 대로 창밖의 보이는 것을 열거했다.

"한 여인이 아이를 등에 업고 걸어가고 있습니다. 소를 끌고 가는 노인도 보이고, 자전거 한 대가 시장 쪽으로 달려가고 있군요……."

"그만하면 됐소. 그럼 이번에는 저 벽에 걸린 거울을 들여다보시오."

거울 앞으로 다가간 청년이 입을 열었다.

"보이는 거라곤 제 얼굴밖에 없는데요?"

"당연히 그렇겠지."

물라가 설명했다.

"창이나 거울은 똑같이 유리로 만들어졌소. 그런데 창과 달리 거울은 어떻소? 은을 조금 칠했을 뿐인데 자기 모습밖에 볼 수 없지 않소!"

"……!"

재물로 세상을 살 수 있다는 착각은 참으로 대단한 오만이다.
세상을 돈으로 바라보지 마라. 금도금된 마음만 추해 보일 뿐이다.

어느 연주회

여름 바닷가에서 음악회가 열렸는데, 그 수준이 얼마나 형편없는지 지역신문조차 기사 한 줄 써주지 않았다. 자연히 연주 첫날부터 관객도 많지 않고, 그나마 회가 거듭될수록 청중의 수는 점점 줄어들었다.

그런데 매일 저녁마다 그 연주회장을 찾아오는 사람이 있었다. 비록 그의 존재가 수입에 큰 도움이 되지는 않았지만, 연주자들에겐 큰 위안이 되었다.

연주회 마지막 날, 무대에 올라선 지배인이 말했다.

"신사 숙녀 여러분, 오늘밤 공연을 마지막으로 이곳을 떠나기에 앞서 우리는 한 손님에게 깊은 감사를 표하고자 합니다. 그분께서는 매일 밤 이곳을 찾아주셨고, 하루도 빠짐없이 우리의 연주를 감상해주셨습니다."

지배인은 곧 그 남자를 지목했고, 남자는 머쓱한 표정을 지으며 무대 위로 올랐다.

"그렇게 말씀해주시니 정말 감사합니다. 그러나 사실을 말씀드리자면…… 이곳은 내 아내가 유일하게 나를 찾아내지 못할 장소였거든요."

> 오해가 인간의 역사를 만들고 추동한다. 때로는 성직자를, 때로는 영웅을, 때로는 반역자와 혁명가를……!

현자 닐리

　현자 닐리는 제자들을 가르치면서 매우 파격적인 방법으로 사람들을 놀라게 하곤 했다. 공부와 함께 음악도 듣고 오락도 즐기게 하여 늘 새로운 학습 분위기를 만들어냈던 것이다.
　그런 행동에 제자의 부모들은 매우 못마땅한 눈초리를 보내고 있었는데, 하루는 그중 한 부모가 직접 그를 찾아와 항의했다.
　"우리가 지난 몇 년 동안 죽 지켜봐왔는데, 당신은 아이들을 가르치기는커녕 제대로 배우고자 하는 아이들마저 망쳐놓고 있습니다. 대체 언제까지 그런 식으로 놀아날 작정이오?"
　부모의 말에 닐리는 한동안 두 눈을 지그시 감았다가 뜨며 입을 열었다.
　"자식의 장래를 걱정하는 그 심정 충분히 이해할 수 있소. 내 방식이 옳다고 변명을 늘어놓지는 않으리다. 하지만 이 한 가지 사실만은 확언할 수 있소. 나는 내 제자들에게, 자신이 무엇을 위해 존재하는지 이해할 수 있는 사람으로 만들고 있다는 확신 말이오."
　"?"
　"대다수의 세상 사람들은 자신이 무엇을 위해 존재하는지 그 근본적인 문제도 모른 채 살아가고 있소. 그들이 대체 누구요? 그들은 식당에 가서 맛있는 음식을 먹는 대신 주방장과 사랑놀이에 정신이 없는 사람들 아니오?"
　"……!"

"음악도 마찬가지요. 사람들은 잘못된 귀로 음악을 듣고 있소. 그래서 나는 내 제자들만이라도 음악을 통해 궁극적인 그 무엇을 느끼고 감동을 얻을 수 있게 되기 전까지는 음악을 듣지 못하게 하오. 그들은 음악을 마냥 소모해버리기 때문이오. 마치 뭐든지 훌륭하게 요리해낼 수 있는 불을 앞에 놔두고 요리는 하지 않은 채 손만 쬐고 있는 사람들처럼 말이오."

"……!"

그렇다!
어떤 과일이 사람들에게 씹힐 때를 기다리고 있는데, 먹을 것이 있다는
사실은 까맣게 잊은 채 그 과일의 향기만 찬미하려는 자들이 있다.
향기는 좋다. 그러나 영원히 냄새만 맡고 그것을 먹지 않는다면 굶어 죽는다!

온통 그분 생각에

우타리드 왕은 사냥을 무척 즐겼다.

그날도 숲으로 사냥을 나갔는데, 사냥 도중 저녁 기도 시간이 되었다. 왕은 동행한 이슬람교도와 함께 말에서 내려 바닥에 매트를 깐 다음 무릎을 꿇고 기도를 시작했다.

바로 그때였다.

때마침 어느 농부의 아내가 그 곁을 지나게 되었는데, 그녀는 아침에 집을 나가 저녁이 되도록 귀가하지 않는 남편이 걱정스러워 직접 찾아 나서는 길이었다. 그런데 무릎을 꿇고 기도하는 왕을 미처 발견하지 못하고 그만 그와 부딪혀 넘어지고 말았다.

하지만 무슨 일이 벌어졌는지조차 미처 알지 못한 그녀는 후닥닥 일어나더니 사과의 말 한마디 없이 황급히 숲 속으로 들어가버렸다.

뜻하지 않은 훼방에 화가 끓어올랐지만, 독실한 이슬람교도인 왕은 기도 중에는 누구와도 말을 하지 않는다는 규칙을 지켜 기도에만 전념했다.

왕의 기도가 거의 끝나갈 무렵 숲 속으로 들어갔던 여인이 남편과 함께 걸어 나오고 있었다. 남편을 만난 아내의 얼굴은 기쁨으로 가득 차 있었다. 그러나 자신을 노려보는 왕과 신하들의 눈빛을 의식하고는 놀라서 몸 둘 바를 몰라 했다.

우타리드 왕이 그녀를 향해 소리쳤다.

"네 그 무례한 행동에 대해 변명해보라. 그러지 못하면 당장 엄벌에 처하겠노라."

그러자 그녀는 안절부절못하던 조금 전과 달리 매우 당당한 태도로 왕의 얼굴을 쳐다보며 이렇게 말하는 것이었다.

"폐하, 저는 방금 전 온통 제 남편 생각에 폐하가 그곳에 계셨다는 사실을 몰랐고, 심지어 부딪혀 넘어졌을 때조차도 저와 부딪힌 분이 폐하인지 알지 못했습니다. 마찬가지로 폐하께서도 기도를 드리고 계셨다면 제 남편보다 고귀하시고 절대자이신 그분 생각에 온통 젖어 있었을 텐데 어찌 저같이 미천한 존재를 알아보셨는지요?"

그 말을 들은 우타리드 왕은 심한 부끄러움을 느끼고 더 이상 아무 말도 못했다.

율자나 스승에게 배우지 못한 지혜를 구걸하는 거지에게 배울 수도 있다.

시계추 이야기

　옛날에 한 시계수리공이 손님이 맡긴 괘종시계를 수리하고 있었는데, 놀랍게도 그 시계추가 말을 하는 것이었다.
　"선생님, 제발 저를 망가진 이대로 내버려두세요. 그래주신다면 정말 감사하겠습니다."
　"?"
　"한번 생각해보세요. 제가 하루에 몇 번이나 째깍대는지를. 헤아릴 수도 없을 정도예요. 한 시간, 하루 24시간, 1년 365일, 1년, 2년, 3년…… 수백, 수천만 번을 째깍거려야 해요. 이렇게 망가지기 전까지는요. 선생님, 전 이제 지쳤어요. 이젠 그만 멈추고 싶다고요."
　시계추의 말에도 일리가 있었다. 누군들 그렇게 단순하고 희망 없는 일을 계속하고 싶겠는가.
　하지만 그 시계수리공은 무척 현명한 사람이었다. 수리공은 매우 친절한 목소리로 이렇게 말해주었다.
　"시계야, 미래는 생각하지 말고 지금 이 순간만 단 한 번 째깍거린다고 생각해봐. 그러면 째깍거리는 소리마다 네가 기쁨을 느낄 수 있지 않겠니?"

"아하, 그렇군요!"
시계추가 감탄하면서 수리공의 말을 따르기로 했다.
그래서 시계추는 지금까지도 기쁘게 째깍거리고 있다고 한다.

지금 이 순간을 진실로 열정을 다해 숨쉬고 있다면 감당치 못할 현실은 존재하지 않는다.
혹 그대의 몸은 오전 8시에 있는데, 마음은 오후 8시에 가 있지 않은가?

리스트와 여류 피아니스트

 헝가리 작곡가 리스트가 여행 도중 어느 시골마을에 도착해보니, 때마침 그 마을에서 음악회가 열린다고 떠들썩했다. 그런데 그 연주회를 갖는 여류 피아니스트가 리스트 자신의 제자라는 게 아닌가. 아무리 생각해봐도 그녀의 이름은 낯설기 짝이 없는데도 말이다.
 마을에 도착한 리스트는 한 호텔로 들어갔다. 그러자 그 호텔 안내인은 정중히 예의를 갖추면서 이렇게 말했다.
 "선생님께선 이곳에서 열리는 제자 분의 연주회에 초대되신 거로군요. 선생님 같은 분을 우리 호텔에서 모시게 되어 정말 영광입니다."
 리스트는 기분이 상했지만 아무렇지도 않은 체 넘겨버렸다.
 그가 호텔로 들어간 지 몇 시간이 지나지 않아 마을은 유명 작곡가 리스트가 왔다는 소식에 또 한 번 떠들썩해졌다. 그런데 그 소문에 깜짝 놀란 사람이 있었는데, 바로 그날 연주회를 갖기로 한 여류 피아니스트였다. 사실 그녀는 리스트의 제자가 아닐 뿐더러 리스트의 얼굴을 정면으로 본 적도 없었다.
 그날 저녁, 자칭 리스트의 제자라고 하는 여류 피아니스트가 호텔에서 쉬고 있는 리스트를 찾아갔다.
 "누군데 날 찾아오셨소?"
 리스트의 물음에 그녀가 간신히 입을 열었다.
 "예, 전 오늘밤에 연주회를 열기로 되어 있는 피아니스트입니다."
 "그런데 무슨 일로 날 찾아오셨소?"

"선생님, 정말 죄송하게 되었습니다. 사실 전……."

그러면서 그녀는 자신이 제자임을 사칭하게 된 사정을 털어놓았다.

그녀는 지난 몇 년 동안 시골 구석구석을 돌아다니며 연주를 해왔다. 그녀에게는 많은 돈이 필요했다. 약값이 많이 드는 병든 아버지와 어린 동생 등 부양할 가족이 많았던 것이다. 돈을 벌기 위해서는 청중이 많아야 되는데 시골 출신의 여자가 연주를 한다고 하면 아무도 쳐다봐줄 것 같지 않았다. 그래서 사칭하게 된 것이 리스트의 제자였다. 유명한 작곡가 리스트의 제자, 게다가 여류 피아니스트라고 하면 일단 청중을 끌어모을 수 있었던 것이다.

"제 마음대로 선생님의 명성을 더럽혔습니다. 저 같은 것이 감히 선생님의 제자라니요, 말도 안 되는 소리지요. 그렇지만 어쩔 수가 없었습니다. 오늘 이 시각부터 연주회를 중지하겠으니 부디 용서해주십시오."

이야기를 다 듣고 난 리스트가 고개를 흔들었다.

"이미 예약된 연주회를 포기하다니, 그게 말이 되는 소리요? 그러지 말고 이리 와보시오."

그러고는 피아노가 놓여 있는 한쪽으로 그녀를 데리고 갔다. 그런 다음 그녀에게 자신이 작곡한 곡을 연주해보라고 했다.

여자가 시키는 대로 곡을 연주하고 나자 리스트는 곡에 맞는 연주법을 설명해주고 몇 가지 사소한 잘못을 지적해주었다. 그러고 나서 이렇게 덧붙였다.

"방금 전 당신은 나한테 피아노를 배웠소. 이로써 당신은 나의 문하생이 되었고, 리스트의 제자로 오늘밤 당당하게 연주회를 열 수 있는 것이오."

 리스트의 말에 여류 피아니스트의 두 눈에서는 뜨거운 감사의 눈물이 흘러내리고 있었다.

자비를 베푸는 사람의 모습은 언제나 아름답고 감동적으로 가슴에 와닿는다.
그것은 혹시 이 세상에 자비가 너무 메말라 있기 때문이 아닐까.

2

믿음에 대하여

신은 존재하지만 죽은 지 이미 오래다.
이 땅에 거주하지 않기 때문이다.
살아 있는 신을 만나려 한다면 서툰 상징과 낡은 성경에 얽매여
허공을 배회할 게 아니라 인간의 사랑 속에서 찾아야 한다.
신앙은 외롭고 불완전한 그대를 지탱해주는 무엇이다.
마음을 열고 이웃을 사랑하며
그대 자신의 마음속에 그대만의 신전을 구축하라.

줄 하나

낡은 헛간의 서까래 위에 거미 한 마리가 살고 있었다.

어느 날 거미는 줄을 길게 늘어뜨려 기둥 아래쪽까지 내려왔다가, 그곳이 먹이를 구하기에 훨씬 용이한 장소라는 사실을 깨달았다. 그래서 아예 그곳에 터를 잡기로 하고 열심히 거미줄을 쳤다.

그로부터 며칠이 지난 어느 날이었다. 무심코 자기가 타고 내려온 거미줄 한 가닥을 발견한 거미는 이렇게 생각했다.

'이제 이 줄은 필요 없어. 오히려 거추장스럽기만 할 뿐이지.'

그러고는 그 줄을 힘껏 잡아당겨 끊어버렸다. 순간 지난 며칠 동안 열심히 지어놓은 새 거미줄이 지탱할 곳을 잃고 통째로 바닥에 나뒹굴고 말았다.

신은 베풀고 거두어들인다, 거미처럼.
신으로부터 따온 인간의 목숨은 때가 되면 신의 품으로 돌아간다.
모든 것은 왔던 곳으로 회귀한다. 그래야만 원이 완성되고 신의 우주가 통일된다.

세 탁발승

진리를 찾아 떠돌던 탁발승 세 사람이 어느 위대한 현자의 집에 이르렀다. 세 사람은 현자에게 자신들이 진리를 찾도록 도와달라고 부탁했다.

그러자 현자는 그들을 데리고 자신이 만든 정원으로 들어갔다. 그런 다음 죽은 나뭇가지를 하나 꺾어들고 꽃밭 이곳저곳을 누비고 다니며 키가 껑충하게 큰 꽃들의 목을 나무로 쳐서 부러뜨렸다.

이윽고 그들이 정원을 떠나 집 안으로 들어서자 현자가 세 탁발승에게 물었다.

"내가 보여준 행동에 대해 말해보아라."

첫 번째 탁발승이 말했다.

"저는 이렇게 보았습니다. 누구든 자신이 남보다 더 많은 것을 알고 있다고 생각하는 자는 제대로 된 가르침을 받기 위해 낮아지는 고통을 겪지 않으면 안 된다는 것을요."

두 번째 탁발승이 말했다.

"전 이렇게 해석합니다. 겉으로 드러난 아름다움이란 실로 아무것도 아닐 수 있다."

세 번째 탁발승이 대답했다.

"전 스승님이 이 점을 보여주었다고 생각합니다. 타성적인 지식의 막대기, 즉 생명이 없는 것들이 살아 있는 것들을 해칠 수 있다는 것을 말이죠."

세 탁발승의 대답에 현자가 미소를 지으며 말했다.

"너희 모두 옳다. 바른 답을 나누어 가졌다. 너희 중 어느 누구도 전부를 알지 못하고, 또 온전치 못하다. 하지만 너희 각자가 한 말은 모두 옳다."

백퍼센트 완전한 인간은 존재하지 않는다.
완전하지 않아도 좋으리니, 그대의 삶을 그대 스스로 실천하고 평가하라.
그래야 반짝이는 그대들 하나하나가 모여 세상의 빛을 이루리니.

그들 가운데 있다

　신에 대한 뜨거운 열정으로 하루하루를 살아가는 경건하고 헌신적인 부인이 있었다. 그녀는 하루도 거르지 않고 아침이면 교회에 나갔다. 그런 그녀를 많은 사람들이 따랐고, 심지어 거지들까지 그녀를 졸졸 따라다니며 구걸을 하곤 했다. 그러나 그녀는 오직 하나님 생각에 몰입한 나머지 그들을 거들떠볼 생각조차 하지 않았다.
　그날 아침에도 그녀는 평소와 다름없이 교회에 나갔다.
　그녀가 도착했을 때는 마침 예배가 시작되려는 순간이었다. 예배 시작을 알리는 목사의 목소리가 들려왔고, 그녀는 서둘러 교회 문을 밀고 안으로 들어서려고 했다.
　하지만 웬일인지 그날따라 문이 열리지 않았다. 더욱 세게 밀어보았지만 소용이 없었다. 출입문은 잠긴 채 꿈쩍도 하지 않았던 것이다.
　몇 년 동안 단 하루도 예배를 거르지 않았던 그녀는 자칫 예배를 놓쳐버릴지도 모른다는 불안감에 안절부절못하다가 문득 고개를 들어 위쪽을 쳐다보았다.
　그런데 잠긴 문틈에 작은 쪽지 하나가 꽂혀 있었다. 펼쳐보니 이런 글귀가 쓰여 있었다.

'너는 나를 찾고자 하느냐? 그렇다면 돌아가라. 나는 네가 지나쳐온 저 사람들 가운데 존재하느니라.'

신의 모습을 한사코 회당 안에서 찾아야 한다고 우기는 인간들 때문에
신은 회당에 대한 정나미가 뚝 떨어져버린다.

교회에 나타난 사탄

　어떤 사람이 연극 공연을 위해 악마의 옷차림을 하고 공연장으로 가고 있었는데, 갑자기 소낙비가 퍼붓기 시작했다. 그는 비를 피하려고 가장 가까운 교회 건물을 향해 뛰어갔다.

　그 교회에서는 부흥회가 한창 진행 중이었는데, 안에 있던 사람들이 사탄 복장을 한 그를 보고 놀라 혼비백산 달아나버렸다.

　그런데 유독 한 여인은 도망치지 않고 사탄에게 바싹 다가서더니 이렇게 말하는 것이었다.

　"오, 사탄님! 전 오래 전부터 이 교회에 다녔어요. 그렇지만 사실 전 늘 당신 곁에 있었어요."

몸은 교회에 앉아 있고 손으로는 헌금을 하고 있다.
하지만 마음은 신의 손길이 미치지 않는 깊은 어둠 속에 주저앉아 있으며
손으로는 사탄의 옷자락을 힘껏 부여잡고 있다.

달라진 건 없다

한 마을에 신이 존재한다고 믿는 유신론자와, 신은 존재하지 않는다고 믿는 무신론자가 함께 살고 있었다.

서로 상반된 주장을 하는 두 사람은 공부를 많이 하고 훌륭한 인격을 갖추었기 때문에 마을 사람들은 둘 중 누구의 말을 믿어야 할지 몹시 당혹스러웠다.

그러던 어느 날 유신론자와 무신론자가 정면으로 논쟁을 벌이게 되었다. 마을 사람들은 마침내 올 것이 왔다면서 어떻게든 결말이 나기를 기대하며 두 사람의 논쟁을 지켜보았다.

유신론자는 신이 어떻게 존재하는가에 대해 무신론자에게 설명했고, 무신론자 역시 신이 존재하지 않을 수밖에 없다는 자신만의 소신을 유신론자에게 설명했다.

그런데 전혀 예상치 못한 결말이 났다. 둘 다 상대방의 의견에 설득되어버렸다. 유신론자는 무신론자가 되고 무신론자는 유신론자가 되어버린 것이다.

마을 사람들은 상대방을 인정하는 두 사람의 모습에 처음엔 무척 기뻐했지만, 곧 아무것도 달라진 것이 없음을 알게 되었다.

무신론자가 된 유신론자는 열심히 신의 존재를 부인했고, 유신론자가 된 무신론자는 열심히 신을 설파하며 돌아다녔다.

그렇다! 타인의 설교로 달라진 것은 없다.
신을 믿든 부인하든 그대 본연의 가치관은 빛나고, 그것은 그대 고유의 자유다.

선전

엄마와 함께 교회라는 곳에 난생처음 가본 소녀가 있었다.
예배를 마친 목사가 다정스런 표정으로 그 소녀에게 물어보았다.
"그래, 예배는 어땠느냐?"
"글쎄요……."
소녀는 잠시 곰곰이 생각하더니 이렇게 대꾸하는 것이었다.
"음악은 좋은 것 같은데 선전이 너무 길어요."

적절한 말이다.
교회에서의 설교를 '선전'이라는 말 이외의 적절한 단어로 표현할 길이 없다.

순간이 모여서 전체

일생 동안 시계 만드는 데 전념해온 사람이 있었다.

아들의 성인식이 열리는 날, 그는 자기가 직접 만든 손목시계를 선물했다.

그런데 그 시계는 특이하게도 시침은 동으로, 분침은 은으로, 초침은 금으로 만들어져 있었다.

아들이 물었다.

"아버지, 시침이 가장 크니까 금으로 장식하고 가장 가는 초침은 동으로 만들어야 하지 않나요?"

아버지가 고개를 흔들며 말했다.

"아니다, 초침이야말로 금으로 만들어져야 한다. 초를 잃는 것이야말로 금을 잃는 것과 마찬가지다……."

이어 아들의 손목에 시계를 채워주며 그가 덧붙였다.

"1초를 아끼지 않는 사람이 어떻게 시간과 분을 아낄 수 있겠니? 세상의 흐름은 초에 의해 결정된다는 점을 명심하고, 성인이 된 만큼 너도 시간에 책임을 질 줄 아는 사람이 되거라."

기나긴 인생의 성패는 결국 1초라는 짧은 순간순간에 달려 있다.
1초를 소홀히 하는 사람이 하루나 한 달을 소중히 할 수는 없다.
초를 미분하는 삶으로 결코 헛되거나 무너질 수 없는 자기만의 여정을 쌓아가라.

종교박람회

'세계종교박람회'라는 것이 열렸다. 세상에 존재하는 온갖 종류의 종교가 모여 목청을 돋궈가며 자신들의 주장을 외치고 있었다.

첫 번째는 유대관이었는데, 그 주장은 이러했다.

"하느님은 동정심이 지극하신 분인데 유대인이 바로 그분의 선민이다. 어느 민족도 유대인만큼 선택받은 민족은 없다."

이슬람관에서는 이렇게 외쳤다.

"하느님은 대자대비하시며 마호메트가 하느님의 유일한 예언자다. 그러니 유일한 예언자 마호메트의 말씀에 귀기울여 구원을 얻으라."

기독교관은 이렇게 외치고 있었다.

"하느님은 사랑이시며 교회밖에는 구원이 없다. 그러니 교회로 들어오라. 그러지 않으면 영원한 저주를 받으리라."

그 박람회를 돌아보고 나오던 한 청년이 자기 친구에게 물었다.

"자넨 하느님을 어떻게 생각하나?"

질문을 받은 친구가 대답했다.

"편벽하고 광신적이고 잔인하더군."

비슷한 시각, 마찬가지로 그 박람회를 구경하고 나온 한 신부는 처참하기 이를 데 없는 심정이었다.

그래서 울분을 터뜨리기 위해 하느님을 불러 항의했다.

"하느님, 어떻게 이런 일을 그냥 두고만 보십니까? 사람들은 지난 기나긴 세월을 두고 주님의 이름을 더럽혀왔습니다. 정녕 그것을 모르신단 말입니까?"

그러자 이윽고 하느님의 말씀이 들려왔다.

"하지만 그 박람회를 주최한 건 내가 아닐세. 나로선 창피해서 구경도 못 가겠는걸."

신은 종교라는 단어를 알지 못한다.
인간이 만들어놓고 짓까부는 종교라는 것이 그래도 그럴싸한 모양새를 하려면
먼저 남을 비방하려고 안달하는 편협함부터 버려야 하지 않겠는가.

기적

 나스루딘이 어린 꼬마에게 이야기를 들려주고 있었다.
 "어느 날 가난한 나무꾼이 숲 속에서 나무를 하다가 버려진 갓난아기를 발견했어. 나무꾼은 그 아이를 신이 내려주신 아이라고 생각하고 자기가 길러야겠다고 마음먹고 집으로 데리고 갔지. 그런데 그 나무꾼에게는 아내가 없어서 아기에게 젖을 먹일 수가 없었단다. 그래서 다급해진 나무꾼이 신께 기도를 드렸지. 그랬더니 이윽고 기적이 일어났어."
 "어떻게요?"
 "응, 놀랍게도 나무꾼의 가슴에 커다란 젖가슴이 생겨난 거야. 그래서 그 젖으로 아기를 배불리 먹여 무럭무럭 자라게 했지."
 이야기를 다 듣고 난 꼬마가 못 믿겠다는 투로 말했다.
 "에이, 어떻게 그런 일이 가능해요? 남자한테 여자들처럼 젖이 생기다니요. 차라리 그보다는 신께서는 모든 일을 가능케 하시는 분이니 커다란 금덩이 몇 개를 주셔서 아기 키울 사람을 고용하게 하면 될 텐데요."
 나스루딘은 꼬마의 말에도 일리가 있다 싶어 한동안 골똘히 생각에 잠겼다. 하지만 이내 고개를 번쩍 쳐들면서 말했다.
 "얘, 아무리 그럴싸해 보여도 그건 잘못된 생각이야. 암, 틀림없지!"
 "어째서요?"

"그렇잖아! 기적 하나로 충분한데 신께서 구태여 돈까지 보태줄 필요가 있겠니?"

그대의 마음을 고스란히 읽고, 생각을 기록하기도 하는
숨겨진 눈이 어딘가에 존재한다고 생각하라.
신이 너를 보고 있는 것처럼 사람들과 살고, 사람들이 듣고 있는 것처럼 신에게 말하라.
신을 외경하라. 그러나 두려워하지는 마라.

값도 못 물어봐?

모세의 계율 중에 돼지고기를 먹지 말라는 것이 있다.
어느 날 한 유대인이 정육점에 들어가 주인에게 속삭이듯 말했다.
"이 햄 말이오, 값이 얼마요?"
"예, 그건……."
그때였다. 멀쩡하던 하늘이 갑자기 어두워지더니, 우르르 쾅……!
때 아닌 천둥소리가 들려왔다.
유대인이 겁먹은 표정으로, 하지만 매우 원망스러운 눈초리로 하늘을 올려다보며 중얼거렸다.
"휴, 값도 못 물어봅니까?"

휴거 열풍이 몰아치자 휴거 자체를 부정하는 교인들이 거칠게 비난을 퍼부었다.
그런데 막상 휴거 예정일이 눈앞에 닥치자 그들 중 일부는 이런 기도를 드리는 것이었다.
"만일 정말로 휴거를 행하신다면 저만큼은 꼭 포함시켜주십시오."

슬퍼하는 이유

순회 설교 목사가 매우 흥분된 어조로 열변을 토하고 있는데, 한쪽에서 훌쩍훌쩍 울고 있는 사내가 있었다.

설교가 끝난 뒤 목사가 그 사내를 불러 물어보았다.

"설교 내내 눈물을 흘리던데, 왜 그러시는 거죠? 제 강연이 그렇게나 감명 깊었습니까?"

사내가 손사래를 쳤다.

"천만에요, 그럴 리가 있겠습니까."

"그럼?"

"실은 제 아들 녀석이 최근 들어 순회 설교사가 되겠다고 떼를 쓰지 뭡니까? 근데 오늘 당신의 말하는 본새를 보니 제 아들 녀석의 장래가 여간 걱정돼야지요."

"……!"

남의 생각을 함부로 앞지르려 하지 마라. 그대의 함정만 드러내기 십상이다.
너무 멀리 달리지 마라. 그대가 달려간 거리를 되돌아와야 할지도 모르잖은가.

신이 웃는다

인도의 신비주의자 라마크리슈나는 종종 이런 말을 했다.

신이 웃는 경우는 두 가지가 있다.
하나는, 흔히 의사가 환자의 보호자에게 하는 말이다.
"걱정 마시오. 내가 당신 아이를 구해주겠소."
그런 소리를 들을 때마다 신은 이렇게 중얼거린다.
"신인 내가 저 아이의 생명을 데려가려고 하는데, 저 친구는 자기가 그것을 막아보겠다고 덤비는군."
또 하나는, 형제가 금을 그어가며 서로 땅을 나누어 가질 때다.
"이쪽은 내 것이고, 저쪽은 네 것이다."
그럴 때마다 신은 이렇게 중얼거린다.
"이 모든 우주가 신인 내 것이거늘, 저들은 그 작은 것에 금을 그어가며 내 것, 네 것이라고 우기다니!"

집을 떠난 지 한참 지난 사람에게 마을 사람들이 홍수로 집이 떠내려갔다고 말하자
그 집주인은 크게 웃으며 이렇게 말하는 것이었다.
"그럴 리가 있겠소? 집 열쇠가 내 주머니에 있는데……!"

우유통

현자 아르다는 누구 못지않은 지극한 정성으로 하리 신을 섬겼다.

그래서인지, 하루는 문득 세상에서 자기보다 더 신을 섬기고 사랑하는 사람은 없을 것이라고 생각하기에 이르렀다.

그러자 하리 신이 그의 마음을 꿰뚫어보고는 이렇게 말해주었다.

"아르다야, 갠지스 강변에 있는 마을에 한번 가보거라. 그곳에 가면 나를 지극히 사랑하는 누군가를 만나게 될 터인데, 네게도 큰 도움이 될 것이니라."

하리 신의 지시대로 아르다는 곧 그 마을을 향해 떠났고, 마을에 도착하기가 무섭게 한 농부를 발견하게 되었다.

그런데 그 농부는 아침 일찍 일어나 일을 나가기 전에 간단하게 한 번 하리 신을 찬양하더니 연장을 들고 밭으로 나가 온종일 일만 했다. 늦게까지 일하다가 집으로 돌아온 농부는 몹시 지쳐 있었고, 잠자리에 들기 전에 한 번 더 하리 신의 이름을 찬미하더니 곯아떨어지는 것이었다.

그런 농부의 일상을 지켜본 아르다는 적잖이 실망하며 이렇게 생각했다.

'흥, 어떻게 저런 사람이 온 마음을 다해 하리 신을 사랑한다 할 수 있겠는가? 밤낮으로 세속적인 일에 마음을 빼앗기고 있는데……'

바로 그때, 그의 속마음을 들여다본 하리 신이 이렇게 지시했다.

"아르다야, 작은 통에 우유를 가득 담아들고 마을을 한 바퀴 돌고 오너라. 대신 단 한 방울도 흘려서는 안 된다. 알겠느냐?"

아르다는 곧 신의 지시를 따랐다.

그가 한참 만에 지시를 이행하고 나자 하리 신이 다시 물었다.

"아르다야, 우유통을 들고 마을을 돌면서 너는 몇 번이나 나를 생각했느냐?"

아르다가 솔직히 대답했다.

"한 번도 생각하지 못했습니다."

"그래? 무슨 까닭이더냐?"

"우유를 단 한 방울도 흘려서는 안 된다는 하리 님의 말씀에 신경 쓰다 보니 그렇게 됐습니다. 일이 그런데 하리 님을 생각할 여유가 어디 있었겠습니까?"

그 말을 들은 하리 신이 말했다.

"아르다야, 봐라. 너는 겨우 우유통 하나 들고 가는 일로 나를 완전히 잊어버렸지만 저 가난한 농부는 어떻더냐? 먹여 살릴 가족까지 딸린 사람이 하루에도 두 번씩이나 나를 생각하지 않느냐?"

두려워하지 마라.
신은 교회를 지키느라 평생을 허비하는 목사보다 하루하루 노동에 겨워
교회 문턱 한 번 밟아보지 못하는 그대들을 더 아끼시나니…….

움직이는 신전

성자 나나크가 이슬람교 순례자들과 함께 메카에 도착했다. 저녁 늦게야 카바 신전에 당도한 나나크는 도착하기가 무섭게 곯아떨어졌다.

그런데 그의 모습을 본 순례자들이 깜짝 놀랐다. 그들은 나나크를 진정한 성자로 여기고 있었는데, 무례하게도 그는 카바 신전을 향해 두 다리를 쭉 뻗은 채 자고 있는 게 아닌가. 그의 행동은 신성모독에 해당하는 것이었다.

바로 그때 카바 신전의 최고 사제가 나타났다.

"이 무슨 꼴인가? 이자는 이교도가 틀림없어! 당장 밖으로 끌어내지 못할까!"

이윽고 소란스런 소리에 놀란 나나크가 잠에서 깨어났고, 그가 영문을 모르겠다는 표정으로 물었다.

"무슨 일이지?"

그러자 사제가 격분한 목소리로 소리쳤다.

"그대는 지금 신전 쪽으로 다리를 뻗고 있다. 신자라면 어떻게 이럴 수가 있단 말인가!"

그 말에 나나크는 너털웃음을 터뜨렸다. 그러고는 이렇게 말했다.

"그렇다면 사제여, 그대 좋을 대로 내 다리를 치워보시오. 하지만 한 마디 하겠는데, 지금 이 방향이 아니면 대체 어느 방향으로 다리를 뻗어야 한단 말이오? 신은 도처에 충만해 있고 어느 쪽이든 모두 신을 향해 있는데 말이오."

그의 말이 이치에 맞는데도 불구하고 화가 머리끝까지 치민 사제는 나나크의 두 다리를 번쩍 집어들어 카바 신전으로부터 멀리 치워버렸다.

그런데 바로 그때 도저히 믿기지 않는 일이 벌어졌다. 나나크의 다리가 향한 쪽으로 카바 신전이 따라 움직이는 게 아닌가!

신의 모습을 내부에서 찾지 않고 신전이나 사원에서 찾으려는 행동이야말로 가장 어수룩하고 못생긴 신을 만나는 지름길이다.

20년 동안

　인도에 신심이 돈독한 노부인이 살고 있었는데, 그녀는 어느 수도승을 뒷바라지해주고 있었다. 수도승이 정진할 수 있도록 수련장을 마련해주었고 매달 필요한 양식을 보내주었는데, 그 기간이 무려 20여 년이나 되었다.
　그러던 어느 날 노부인은 오랫동안 자신이 돌봐준 수도승이 얼마나 깊은 깨달음을 얻었는지 시험해보기로 마음먹고 한 가지 꾀를 냈다.
　마침 그 마을에는 오래 전에 남편을 잃고 혼자된 여인이 있었는데, 정욕이 어찌나 심한지 사내 없이는 단 하룻밤도 잠을 못 이룬다는 소문이 날 정도였다.
　노부인이 그 여인을 불러 당부했다.
　"저 수련장에 들어가서 옷을 벗고 수도승을 껴안아라. 그리고 '이젠 뭘 하죠?' 하고 물어보거라."
　노부인의 말에 여인은 밤이 되기를 기다렸다가 이윽고 수도승의 거처로 들어갔다. 그러고는 어둠 속에서 옷가지를 훌훌 벗어던진 다음 깊은 명상에 잠긴 수도승 곁으로 바싹 다가가 그의 몸을 와락 껴안으며 속삭였다.
　"이젠 뭘 하죠?"
　여인의 느닷없는 행동에 놀란 수도승은 어이가 없다는 표정이었다. 하지만 이내 여인의 음탕한 행동을 크게 꾸짖기 시작했다.

"무엄한 것 같으니, 감히 여기가 어디라고!"

버럭 소리친 수도승은 마침 옆에 놓인 빗자루를 들어 그녀를 마구 때리면서 밖으로 내쫓아버렸다.

수련장에서 쫓겨난 여인이 노부인에게 돌아가 사실을 말하자 노부인은 벌컥 화를 냈다.

"내 그런 놈을 지난 20여 년 동안 보살펴주었다니! 그놈은 네 사소한 잘못 하나 덮어주지 못한단 말이냐? 대체 그 기나긴 세월 동안 뭘 한 거야? 조그마한 자비심 하나는 키웠어야 하지 않느냐!"

노부인의 말처럼, 여인을 매정하게 쫓아낸 그 수도승은
지난 20년 동안 고작 자신의 수련장을 지키는 데만 집착해온 건 아닐까?

죽음의 신을 만났을 때

다 늙은 나무꾼이 있었다.

아흔 살이 넘은 그 노인은 몸이 지칠 대로 지친데다 살아가기도 힘들어 수시로 하늘에 대고 이렇게 말했다.

"죽음의 신이시여, 하루빨리 나를 데려가주십시오. 난 더 이상 삶의 의욕도 없습니다. 그저 하루하루가 지겹고 힘들 뿐이니 어서 이 목숨을 거두어주십시오."

그 노인의 넋두리는 사실이었다. 늙도록 고생고생 살아왔지만 모아놓은 재산도 없고 그를 돌봐줄 가족도 없었다. 날마다 무거운 나무를 해다 팔아야 겨우 연명하는 신세였다.

그날도 무거운 나무 한 짐을 지고 산을 내려오고 있는데, 불현듯 먼 하늘에 죽음의 신이 눈에 띄었다. 노인이 나뭇짐을 던져놓고 하늘을 향해 외쳤다.

"죽음의 신이시여! 어서 오소서. 어서 와 이 늙은 목숨을 거두어주소서! 제발 좀 부탁합니다. 다른 사람한테는 잘도 찾아가면서 왜 날 무시하는 겁니까? 나한테 무슨 원한이 있다고!"

노인의 말에 바삐 길을 가던 죽음의 신이 멈추더니 노인에게 물었다.

"내 너의 목소리를 들었는데, 그래 네가 원하는 것이 무엇이냐?"
 그러자 나무꾼은 갑자기 겁에 질린 표정으로 온몸을 바르르 떨더니 이렇게 둘러대는 것이었다.
 "예, 별것 아닙니다. 제가 너무 늙어서 이 나뭇짐을 질 수가 있어야지요. 그래서 뒤에서 누가 좀 밀어주었으면 하고요……."

죽어야지 하면서도 인간들은 끈질기게 목숨을 연장해가고 있다.
삶에 절망한 나머지 차라리 죽음이 찾아와주기를 갈망하는 그대, 그대는 사실 죽고 싶지 않다.
단지 삶이 자기 뜻대로 되지 않는다고 투정을 부리는 것이다.
핑계거리를 찾다 못해 죽음에 등 기대지 말고 삶 그 자체에서 승부를 내라.

나뭇가지

어느 날 한 무신론자가 산을 오르다가 실족하여 절벽 아래로 추락할 위기에 놓였다. 아래로 떨어지던 중 가까스로 나뭇가지를 붙잡고 죽을 고비를 넘겼지만 위기를 모면한 건 아니었다. 주위에는 도움을 청할 만한 사람도 없고, 위로는 하늘이요 아래로는 천길 낭떠러지였다.

간신히 지탱하고 있는 나뭇가지도 오래 버티지 못할 것 같았다.

바로 그 순간 번쩍하고 그의 뇌리를 스치는 게 있었다.

'그렇지, 기도!'

이윽고 그는 있는 힘을 모아 울부짖기 시작했다.

"신이시여, 도와주소서!"

그러나 그의 애절한 목소리만 메아리칠 뿐 아무런 응답이 없었다.

그가 마지막 사력을 다해 다시 한 번 외쳤다.

"주여! 만약 당신께서 존재하신다면 부디 저를 구해주십시오. 그러면 평생 당신의 종이 되어 살겠다고 맹세하며, 주변의 이웃들에게도 믿게끔 확신시키겠습니다."

절규에 가까운 기도도 무색하게 또다시 침묵이 이어졌다. 무척 허탈해진 무신론자는 '그래, 신이란 애당초 허상에 불과한 거야'라고 생각하며 점점 체념의 늪 속으로 빠져들고 있었다.

그러나 뒤이어 깊은 골짜기 사이로 들려오는 힘찬 음성에 놀라 하마터면 나뭇가지를 놓아버릴 뻔했다.

신이 그에게 물었다.

"지금 그대가 한 말이 사실인가?"

무신론자가 감동에 찬 목소리로 얼른 대답했다.

"아, 주여! 물론입니다!"

"인간들은 영악해서 자기가 곤경에 처할 때면 늘 그런 식으로 말하더군."

"아닙니다. 전 아니에요! 저는 다른 사람들과 같지 않습니다."

무신론자의 주장에 신은 의구심이 담긴 목소리로 물었다.

"그래? 어째서 그렇지?"

"왜냐고요? 전 이미 믿기 시작했으니까요. 못 믿으시겠어요? 전 이미 당신의 목소리를 들었는걸요. 주님께서 하실 일은 당장 저를 구해주시는 겁니다. 그러면 저는 주님의 이름을 온 세상 끝까지라도 전하겠습니다."

신이 흡족한 웃음을 짓고 나서 말했다.

"그래, 아주 훌륭하구나. 그럼 내 이제 너를 구해주도록 하마. 됐다. 이제 그 나뭇가지를 놓아라."

그 말에 무신론자는 분개한 목소리로 외쳤다.

"뭐라고요? 나뭇가지를 놓으라고요? 제가 미친놈인 줄 아십니까?"

바닷물이 갈라지는 기적이 일어난 것은 모세가 처음 홍해에 지팡이를 던졌을 때가 아니다. 지팡이가 던져진 다음, 대열 맨 앞에 있는 사람이 자신의 몸을 바닷물에 내던졌을 때 비로소 가능해진 일이다.

구렁이 한 마리

　어느 날 한 남자가 자신의 입으로 커다란 구렁이 한 마리가 들어가는 꿈을 꾸었다.
　남자는 기겁을 하며 그 즉시 깨어났지만, 꿈이 너무나 강렬하고 생생한 나머지 꼭 구렁이가 뱃속에서 꿈틀거리는 듯한 착각에 사로잡혔다. 그래서 견디다 못해 병원을 찾아갔다.
　하지만 의사는 아무런 이상이 없다고 했다. 엑스레이까지 찍어보았지만 아무렇지도 않았다. 그러나 남자는 계속 불안해했다.
　"틀림없이 커다란 구렁이가 들어 있어요. 보세요! 지금 이 순간에도 마구 꿈틀거린다고요. 정말 미치겠습니다. 얼른 어떻게 좀 해주세요."
　없는 구렁이를 없애달라니! 의사로서는 난감하기 짝이 없었다. 그래서 이렇게 돌려 말했다.
　"솔직히 말해 난 당신의 뱃속에 든 구렁이를 없앨 능력이 전혀 없소. 그래서 말인데, 현자를 한번 찾아가보는 게 어떻겠소?"
　그러고는 평소 알고 지내는 현자를 소개해주었다.
　그 말을 들은 남자는 곧장 현자를 찾아갔고, 이야기를 다 듣고 난 현자는 이렇게 말해주었다.
　"너무 걱정 말게나. 내일이면 그 구렁이가 빠져나올 테니."
　"그게 정말입니까?"
　현자는 일단 그렇게 남자를 안심시켜 돌려보냈다. 그러고는 커다란 구렁이 한 마리를 사서 그 남자의 아내에게 주면서 말했다.

"내일 아침 남편이 일어나기 직전에 이 뱀을 이불 속에 집어넣으시오."

이튿날 아침, 남자는 여느 때처럼 잠자리에서 눈을 떴다. 그런데 문득 이상한 느낌이 들었고, 살펴보니 이불 속에서 커다란 구렁이 한 마리가 꿈틀거리고 있는 게 아닌가.

질겁을 하며 이불을 박차고 뛰어나온 남자가 소리쳤다.

"이 구렁이 좀 봐! 꿈에 내 입으로 들어간 그 구렁이가 틀림없어. 그런데도 뭐? 뱀이 없다고? 의사들은 다 머저리들이야!"

모든 병이 마음에서 비롯됨을 보여주는 명백한 증거다.

거래

　배로 항해하며 선교활동을 펼치는 두 명의 목사가 어느 날 풍랑을 만나 배가 뒤집히는 바람에 간신히 구명보트에 몸을 실었다.
　천지사방은 그야말로 망망대해였다. 구조해줄 배는커녕 섬 하나 눈에 띄지 않았다. 곧 절망이 엄습해왔다. 그러자 목사 하나가 기도를 하기 시작했다.
　"오, 주님! 만일 저희가 무사히 살아 돌아갈 수만 있다면 제가 가진 재산의 절반을 교회에 헌납하겠습니다."
　그러나 기도를 올려도 구원의 손길은 나타나지 않았다.
　그러다가 밤이 되었고, 다급해진 그 목사는 다시 기도를 시작했다.
　"오, 주님! 만일 저희를 구해주신다면 재산의 3분의 2를 교회에 바치겠나이다. 그러니 제발……."
　하지만 그 밤이 지나고 아침 해가 밝도록 희망적인 소식은 들려오지 않았다. 극도의 절망감에 사로잡힌 그 목사가 다시 기도에 매달렸다.
　"오, 사랑하는 주님! 제발 부탁드립니다. 만일 이곳을 무사히 빠져나갈 수 있게만 해주신다면 제가 가진 전……."

바로 그때였다.

"이봐, 기다려!"

그때까지 기도는 하지 않고 죽어라 노만 젓고 있던 또 다른 목사가 외쳤다.

"거래를 당장 중단해! 섬이 보인다!"

신을 숭배하는 그대, 잘 한번 생각해보라.
혹시 무슨 이득을 바라고, 최소한 손해를 보지 않으려고 기도하고 있는 건 아닌가.

무서운 사람

    기독교 목사가 죽어서 저승에 도착하자 천국의 문지기 페트루스가 폭스바겐 한 대를 내주면서 말했다.
    "지상에서 선행을 베푼 보상이오."
    목사는 신이 나서 그 차를 몰고 나갔다.
    그런데 한참을 달리다 보니 가톨릭 신부가 번쩍이는 미국제 승용차를 타고 앞서 달려가는 모습이 보였다.
    목사가 페트루스에게 시비조로 물었다.
    "저 사람이 나보다 좋은 일을 더 많이 했습니까?"
    페트루스가 말해주었다.
    "그게 아니라, 저 사람은 주님께 많은 재물을 바쳤기 때문에 그 보상으로 저 차를 받은 것이오."
    그 말에 목사는 일리가 있다는 투로 고개를 끄덕였다.
    그러나 그것도 잠시, 뒤이어 이번에는 유대교 랍비가 최고급 롤스로이스를 몰고 나타나는 게 아닌가.
    목사가 이번에는 격분에 찬 어조로 따졌다.
    "대체 어떻게 된 거요? 저 녀석은 주님께 재물을 바치기는커녕 교회라곤 문턱도 넘어보지 않은 자 아니오!"

페트루스가 이번에는 목소리를 낮춰 속삭였다.
"쉿! 조용히 하시오. 저 사람은 주님의 친척입니다."

선행을 베푼 자, 헌금을 많이 한 자, 그리고 주님의 친척까지 속속 천국으로 들어간다는데
누군지 몰라도 천국의 정치를 담당하는 그자는 골치깨나 아프겠다.
다들 한 자리씩 줘야 할 텐데 누구를 우선한단 말인가.

어리석은 제자

 한 청년이 어느 현자를 찾아가 그의 제자가 되고 싶다고 했다. 현자는 일단 받아들이기로 하고 이렇게 말했다.
 "내 너를 받아들이는 조건으로 한 가지 계율을 내리는데, 너는 어떠한 것도 지니지 말 것이며 누구의 소유물에 의지해서도 안 된다."
 "알겠습니다, 스승님."
 청년의 대답에 현자가 다시 지시했다.
 "너는 지금 즉시 이곳을 떠나 포카라로 향하거라. 최선을 다해 부지런히 가도록 하고, 도중에 어떤 일을 겪더라도 반드시 계율을 지켜라. 그리고 도착하면 다음 지시가 내려질 터이니 기다리도록!"
 스승의 지시가 떨어지기가 무섭게 청년은 곧장 길을 떠났다. 그리고 온갖 고생을 겪은 끝에 목적지인 포카라에 도착했다. 오랜 여행을 한 탓에 몹시 지쳐 있었지만 스승의 지시를 무사히 이행했다는 안도감으로 청년은 잠시 길가에 앉아 휴식을 취하게 되었다.
 그런데 청년의 손이 자신도 모르게 몸 어딘가를 긁고 있었다. 몸 전체가 몹시 가려웠던 것이다. 참지 못한 청년이 옷을 헤집어보니 벼룩떼가 우글거리고 있는 게 아닌가.
 청년이 깜짝 놀라며 혼잣말로 중얼거렸다.

"이거 정말 큰일이군. 스승님의 첫 계율을 어겨버렸으니 대체 어쩌면 좋단 말인가! 자칫하다간 이곳에서 내려질 다음 지시도 받지 못하는 건 아닐까? 스승님께서는 분명 아무것도 지니지 말고 여행하라 하셨는데, 이렇게 벼룩떼와 같이 오다니! 안 돼! 이 벼룩은 필시 남의 것이야. 그러니 어서 돌아가 임자를 찾아줘야 해."

청년은 지친 몸을 추슬러 다시 출발지로 돌아가기 시작했다. 그리고 도착해서는 벼룩의 임자를 찾아주려고 무진 애를 써가며 헤매고 다녔다.

어리석은 자는 천사조차 두려워서 발을 들여놓지 못하는 곳으로 뛰어든다.

마지막 제자

스승이 여러 제자들을 모아놓고 옛 제자들 이야기를 들려주었다.
"첫 번째 녀석은 너무나 열심히 공부하던 녀석이었다. 하지만 자기 건강을 돌보지 않는 바람에 병이 들어 죽어버렸지. 두 번째 녀석은 명상에 너무 집착하다가 미쳐버렸고, 세 번째 녀석은 매사에 주저주저하다가 이도 저도 이루지 못했다."
"그럼 네 번째 제자 분은요?"
"응, 그 녀석이야말로 가장 쓸 만해. 아직 정상이거든."
한 제자가 물었다.
"아니, 어째서 그렇죠?"
스승이 말했다.
"그 녀석이야말로 형편없었다. 수업태도도 시원찮았고, 내가 시키는 어떤 명상이나 지시도 거부했거든."

쓸모 있는 일을 하는 사람은 쓸모없는 놈이라는 소리를 들어도 화를 내지 않는다.
그러나 제 딴에 썩 괜찮은 일을 하고 있다고 생각하는 쓸모없는 인간은
쓸모없는 사람이라는 소리를 듣게 되면 걷잡을 수 없이 성을 낸다.

간단한 이치

세상에 존재하는 온갖 종류의 사상체계를 비교 분석하는 데 공력을 기울여온 학자가 있었다.

하루는 그가 탁발승 아지즈에게 편지를 써서, 다른 사상과 비교할 수 있도록 아지즈 자신의 사상체계를 설명해달라고 부탁했다.

이에 아지즈는 약간의 기름과 물을 담은 병, 무명 심지를 함께 보내면서 그것을 싼 종이 위에 다음과 같이 적었다.

'여기 동봉하는 이 심지를 기름에 담근다면 불을 붙여 빛을 낼 수 있을 것이오. 반대로 기름을 버리고 물에 담근다면 빛을 얻지 못할 것이고. 그런데 기름과 물을 마구 흔들어 섞은 뒤 심지를 담근다면 어떤 일이 벌어지겠소? 불꽃이 타닥타닥 튀다가 꺼지고 말 게 아니오? 그대는 오랫동안 실험에 열중해왔다고 하나, 애써 논문을 쓰고 골머리를 앓아가며 실험을 되풀이할 필요가 뭐 있겠소? 이렇게 물과 기름만 있어도 간단히 알 수 있는 이치를……'

잡화상들은 보통 그 자신에게 필요한 것보다 훨씬 많은 물건을 가지고 있다.
그래야만 남에게 그것을 팔 수 있으니까!

편애

어느 수피가 열 명의 제자를 거느리고 있었는데, 어느 날 그중 한 제자가 스승에게 말했다.

"외람된 말씀이지만 스승님께서는 저희 가운데 유독 한 사람을 편애하고 계신 듯합니다."

"그러냐?"

그렇게 대꾸하여 넘긴 스승은 이튿날 그 열 명의 제자를 모두 불러놓은 뒤, 한 사람이 한 마리씩 모두 열 마리의 참새를 가져오라고 했다.

제자들이 곧 참새 열 마리를 가지고 왔다. 그러자 스승은 이렇게 지시했다.

"참새들을 각자 한 마리씩 내가 볼 수 없는 곳으로 가지고 가서 죽이고 오거라."

영문을 몰랐지만 제자들은 다시 그 지시를 따랐다.

그런데 새를 죽여 가지고 돌아온 아홉 제자와 달리 유독 한 제자는 새를 그냥 살려 가지고 돌아왔다.

여러 제자들이 지켜보는 가운데 스승이 그 제자에게 물었다.

"너는 어째서 새를 죽이지 않았느냐?"

제자가 대답했다.

"스승님께선 스승님이 볼 수 없는 곳으로 가 죽이라고 하셨습니다. 하지만 그런 곳은 존재하지 않았습니다."

수피가 나머지 제자들을 향해 말했다.
"자, 봐라. 이러니 내가 한 사람을 편애하지 않을 수 있겠느냐?"

앎이란 시키는 대로 따르면 터득할 수 있지만,
참된 깨달음이란 스스로 깊이를 구하고 길을 열어나가는 과정이다.

칼을 가는 스승

한 제자가 침묵에 잠겨 있는데, 느닷없이 스승이 칼을 들고 나타나 바닥에 대고 박박 갈아대기 시작했다.

그 소리는 귀에 몹시 거슬렸다. 하지만 제자는 스승이 자신을 테스트 하는 것이려니 여기고 참아 넘기려고 했다. 그러나 한참이 지나도록 스승이 칼 가는 행위를 멈추지 않자 제자도 더 이상 참을 수가 없었다.

"스승님께선 지금 제가 묵상 중이라는 걸 몰라서 그러시는 겁니까? 대체 지금 뭘 하고 계시는 겁니까?"

스승이 말했다.

"이 칼을 갈아 금반지나 하나 만들려고 하네."

제자가 혀를 찼다.

"그게 무슨 소립니까? 칼을 갈아 금반지를 만들다니요? 지금 제정신입니까?"

그러자 스승이 빙그레 미소를 지으며 대꾸했다.

"자네보다야 제정신이지. 자넨 그렇게 해서 묵상자가 될 수 있다고 생각하는가?"

인간은 이 세상에 두 번 태어난다고 한다.
한 번은 신체적 자아의 탄생이요, 또 한 번은 정신적 자아의 탄생이다.
새는 알을 깨고 나온다. 여기서 알은 세계다. 태어나려는 자는 한 세계를 파괴해야 한다.

추운 날

어느 추운 날, 랍비의 제자들이 모닥불 주위에 모여 불을 쬐고 있었다.

불을 피우긴 했지만 워낙 춥고 바람까지 세차게 불어 추위를 면하기엔 역부족이었다.

제자들은 조용히 스승의 가르침을 암송하고 있었는데, 그때 한 제자가 불쑥 말했다.

"나는 알고 있지. 오늘같이 추운 날은 어떻게 해야 하는지를……."

그 말에 다른 제자들이 호기심 어린 표정으로 물었다.

"그래, 어떻게 해야 하는데?"

"그건 몸을 따뜻하게 유지하는 거야."

"에이, 그걸 누가 모르나?"

동료들의 핀잔에도 불구하고 그는 다시 입을 열었다.

"그런데 만일 그게 불가능하다면 또 다른 방법이 있기도 해."

"그게 뭔데?"

"응, 그냥 얼어붙는 거지 뭐."

"……."

현실로부터 도피한다는 것도, 완벽하게 수용한다는 것도 불가능하다. 할 수 있는 일이란 현실을 있는 그대로 보고, 이해하며, 그리고 그것을 편안하게 느끼는 것이다.

화려한 재산

수피 오마르는 타고난 장사꾼이었다. 돈 버는 재주가 매우 뛰어나고 모아둔 재산도 어마어마했다.

우연히 한번 그의 집을 방문했던 한 남자는 사람들에게 이렇게 수군거리고 다녔다.

"세상에, 그렇게 재산이 많다니! 집 안 구석구석에 온갖 사치품이 쌓여 있는데…… 난 도저히 믿어지지가 않더라고!"

그의 말은 곧 소문이 되어 삽시간에 사람들에게 번졌고, 급기야 수피 오마르의 귀에까지 흘러들어갔다.

그런데 이상한 일이었다. 분명 재산에 눈이 먼 자신을 비난하는 소문인데도 오마르는 전혀 언짢은 기색이 아니었다. 오히려 자기 친구에게 이렇게 말하는 것이었다.

"그 사람 말이 맞아. 사실 우리 집에는 온갖 값진 물건이 가득하지. 하지만 나에게는 아직 딱 한 가지 부족한 게 있었어. 그런데 그 친구가 날 찾아온 바로 그날 그 부족함이 채워졌다는 사실을 알게 되었지."

친구가 의아한 표정으로 물었다.
"대체 그 부족했던 게 뭔데?"
수피가 말했다.
"응, 나를 시기하는 사람을 하나 갖는 것."

오마르처럼 천부적인 장사꾼을 막을 수는 없다.
매사를 자기 주관대로, 신의 형상마저 자기 식으로 해석해 박박 우기는 종교인을
설득할 방법 또한 없다.

쓸데없는 걱정

어느 마을의 부자 영감이 간밤에 불어난 강물에 휩쓸려 실종되고 말았다. 거센 강물에 휩쓸려버렸으니 죽은 게 분명했지만 아무리 애써도 그 시체를 찾을 수가 없었다.

그로부터 얼마 지나지 않아 건넛마을에 사는 청년이 그 영감의 시체를 건졌다는 소문이 나돌았다. 이에 유족들이 즉시 그 청년을 찾아가 시신을 돌려달라고 했다.

하지만 그 청년은 죽은 영감이 엄청난 부자라는 사실을 알고 많은 돈을 요구하며 시신을 내주지 않았다.

감히 죽은 사람을 두고 흥정을 하다니!

청년의 태도가 괘씸하고 억울했던 유가족은 고민 끝에, 마을에서 지혜롭기로 소문난 현자를 찾아가 도움을 청하기에 이르렀다.

자초지종을 듣고 난 현자가 말했다.

"정말 쓸데없이 골치를 앓고 있군. 그냥 가만히 두고 보시오. 당신네 유가족이 가져다가 처리하지 않으면 누가 그 시체를 가져가겠소?"

"정말 그렇겠군요!"

현자의 말을 듣고 난 유가족은 '시간이 조금 걸리겠지만 시신은 돌아오겠구나' 생각하고 마음이 놓였다.

그러자 유가족의 이런 여유를 눈치챈 청년은 적잖이 마음을 졸였다. 목돈이나 만져볼까 했던 기회가 무산되는 게 아닌가 몹시 불안했다. 그래서 그 청년 역시 평소 존경하며 따르는 자기 마을의 스승을 찾아가 자문을 구하게 되었다.

상황을 파악하고 난 스승이 완곡한 어조로 말했다.

"쓸데없는 걱정 말고 조금만 더 버텨보라고. 자네가 끝까지 안 내놓는데, 그자들이 어딜 가서 시신을 찾는단 말인가?"

욕망은 만족을 모른다.
행복해지려면 욕망을 줄이거나 가진 것을 늘려야 한다.
그대의 삶은 얼마 남지 않았다. 어느 쪽을 택하겠는가.

밤에만 필요한 신

목사가 주일예배를 보러 나온 어린 꼬마에게 물었다.
"애야, 넌 주님을 늘 생각하고 있니?"
"아뇨. 왜 그런 쓸모없는 짓을 해요? 전 잠자리에 들 때만 생각해요."
꼬마의 맹랑한 대꾸에 목사가 다시 물었다.
"그럼 낮에는?"
"낮엔 뭣 하러 그래요? 밤에야 무서우니까 그러지만……."

아이를 나무랄 게 아니라 어른이 먼저 거울을 볼 일이다.
화장실에 들어갈 때와 나올 때가 다른 인간의 마음, 나약하기 짝이 없는 인간들은
자기 몸이 병들어 괴로울 때나 죽음이 눈앞에 닥쳐서야 겨우 신의 존재를 떠올리지 않는가.

주님이 보는 각도

어느 남자의 사정이 무척 급박했다.
그래서 지난 10여 년간 절친하게 지내온 친구를 찾아가 사정했다.
"당장 급한 상황이 생겼는데, 200달러만 빌려줄 수 없겠나?"
"자네 부탁인데, 당연히 빌려줘야지."
"역시 자넨 내 친굴세. 정말 고맙군."
친구의 말에 남자는 뛸 듯이 기뻤다.
그런데 그 친구는 이렇게 덧붙이는 것이었다.
"이자만 준다면 말일세."
"이자……? 그래, 친한 사이일수록 그런 문제는 명확히 해두는 게 좋겠지. 그런데 이자는 몇 부로 하는 게 좋을까?"
"9부로 하는 게 어떻겠나?"
친구의 말에 남자는 은근히 화가 솟구쳤다.
"자네, 9부라고 했나? 아무리 급전이라 해도 그렇지 너무하지 않은가! 만일 하늘에 계신 주님께서 보시면 뭐라고 하시겠나?"
그러자 그 친구는 태연한 표정으로 이렇게 대꾸하는 것이었다.
"걱정 없어. 주님이 하늘에서 보시면 6으로 보일 테니까."

우정은 영속할 것 같고, 연애는 영원할 것 같다.
그러나 둘 다 끝까지 남는 것은 이기주의뿐이다.

사형장에서

 한 남자가 몇 명의 무고한 인명을 살해한 죄목으로 사형을 선고받았다.
 형장에 묶여 있는 죄수 앞으로 목사 한 명이 나타났다. 마지막 기도를 해주기 위해.
 목사가 사형수에게 위로의 말을 전하기 시작했다. 그런데 그가 성경책을 펼치기가 무섭게 사형수가 말을 가로막았다.
 "그깟 기도가 무슨 소용이오? 그만두시오! 난 앞으로 한 시간 안에 당신의 두목과 직접 얘기를 나눌 수 있을 거요."
 마지막 순간까지도 증오를 삭이지 못한 사형수 앞에서 목사는 할 말을 잃고 말았다.
 사형이 집행되는 그날은 햇볕이 쨍쨍 내리쬐는, 무척이나 더운 날이었다.
 무심코 사형수가 한마디 내뱉었다.
 "젠장! 지랄같이 덥군. 더운 건 딱 질색이란 말이야!"
 그러자 옆에 있던 목사는 이렇게 되받았다.
 "자넨 그래도 괜찮지. 난 이 더위 속에서 다시 한 번 집까지 걸어가야 한다고."

인생에서 현실이란 끊임없이 발목을 잡아끄는 갯벌과 같은 것이다.

종교적 신조

어느 날 악마가 자기 친구와 함께 산책을 나갔다.

한참을 걷다 보니 앞서가는 한 행인이 허리를 잔뜩 굽혀 길바닥에서 뭔가를 주워 올렸다.

친구가 악마에게 물었다.

"저 친구, 방금 뭘 주운 거지?"

악마가 대답했다.

"응, 진리 한 조각이로군."

악마의 말에 친구가 그의 안색을 살피며 물었다.

"그렇다면 큰일 아닌가. 자네의 입지가 점점 더 좁아질 테니……."

그런데 친구의 우려와 달리 악마는 이렇게 말하는 것이었다.

"아니, 그럴 것까지는 없네. 난 저 친구가 그걸 종교적 신조로 삼게 내버려둘 테니까 말일세……."

진리에 이르는 길을 가리키는 표시, 종교적 신조.
그런데 그것을 고집스레 붙들고 늘어지는 사람은 마치 진리를 이미 소유하기라도 한 양
착각하여 더 이상 진리를 향해 나아가지 못하게 된다는 사실!

천사와 악마

어느 유능한 화가가 천사의 얼굴을 그리기로 마음먹고 거기에 걸맞은 모델을 찾아나섰다.

그는 오랫동안 여러 나라를 헤맸지만 천사의 얼굴을 닮은 사람은 쉽게 나타나지 않았다.

그러던 어느 날 화가는 한 청년을 만났다. 그 청년은 산골에서 양을 치며 살아가는 목동으로, 처음 보는 순간 '이 청년이야말로 천사의 얼굴이구나!' 하고 확신하게 되었다.

화가는 목동의 얼굴을 그리기 시작했고, 얼마 지나지 않아 그림이 완성되었다. 그 그림은 엄청난 액수에 팔려나갔다. 뿐만 아니라 수천 점의 복제품도 만들어져 세상 곳곳으로 번져나갔다. 사람들은 그가 그린 목동의 초상화를 벽에 걸어놓고 바라보며 마치 천사를 대하듯 행복해했다.

그로부터 십수 년이 지난 어느 날, 그 화가는 또 다른 초상화를 그리기로 마음먹었다. 이번에는 천사가 아닌 악마의 얼굴을!

그것은 천사의 얼굴을 그린 그가 악마를 그림으로써 자신의 미술세계를 완성시키고자 하는 또 다른 욕망이기도 했다. 인간의 삶이 선한 것만도 아니요, 내면 한 편에는 악도 항상 존재한다는 것을 그 화가는 보여주고 싶었던 것이다.

천사의 모델을 구할 때와 마찬가지로 화가는 수많은 장소를 돌아다니며 대상을 물색했다. 그는 술집과 도박장, 창녀촌, 정신병원 등을 헤매고 다녔다. 그가 바라는 얼굴은 정상인이라고 상상조차 할 수 없는 추악하고 악마적인 얼굴이어야 했다.

오래도록 헤맨 끝에 그가 도착한 곳은 어느 교도소였다. 감옥에 있는 죄수 얼굴에서 그토록 찾아 헤매던 악마의 모습을 본 것이다. 열한 차례나 살인을 저지른 죄목으로 곧 사형에 처해지는 그 죄수는 악마의 얼굴 그대로였다. 두 눈은 증오를 내뿜고 있었으며, 얼굴 역시 여태껏 본 적이 없는 가장 추악한 모습이었다. 화가는 곧장 그의 얼굴을 그리기 시작했다.

마침내 화가는 천사에 이어 악마의 초상화까지 완성했다. 그는 방금 전 자신이 완성한 그림과, 십수 년 전에 그린 천사의 초상화를 나란히 세워놓고 바라보았다. 두 점의 초상화는 선과 악의 상징으로 무엇 하나 부족함 없이 완벽했다. 자신의 목표를 달성한 화가의 두 눈에서는 어느덧 감격 어린 눈물이 흘러내리고 있었다.

그런데 바로 그때 뒤에서 흐느끼는 소리가 들려왔다. 돌아보니 쇠사슬에 묶인 그 죄수가 울고 있는 것이었다.

화가가 짚이는 게 있어서 부드러운 어조로 말했다.

"이 그림을 보고 마음이 괴로운 모양인데, 그럴 필요까진 없습니다. 이건 당신의 얼굴이 아니라 단지 악마를 상상하여 그린 초상화에 불과하니까요."

그러자 죄수는 이렇게 말하는 것이었다.

"그게 아니라, 사실 고백할 게 있소. 당신은 꿈에도 생각지 못했겠지만 사실 십수 년 전 당신이 그린 그 천사의 모델도 나였소. 둘 다 나의 초상화라오. 아, 세상에! 내가 이렇게 변해버리다니!"

"그, 그게 대체 무슨 소리요?"

화가는 놀랍고 믿어지지가 않아 입을 다물 수가 없었다.

죄수가 말을 이었다.

"나는 당신이 그 옛날 천사의 얼굴이라고 그렸던 바로 그 목동이오. 불과 십수 년 사이에 이 꼴로 변해버린 거요. 천사에서 악마로, 천국에서 지옥으로 떨어져버린 내 모습을 보시오. 나 스스로조차 전율할 지경이오!"

이렇듯 마음속에는 선과 악이 공존하고 있다.
다스려 선이 이기면 천사가 되고, 악이 앞서면 악마가 되는 것이다.
눈앞에 보이는 것이 더럽다 저주하지 마라. 그대의 눈부터 더러운 것이다.
죄인을 증오하지 마라. 단지 그를 거울삼아 내 마음속 선을 키우며 악을 물리쳐나가라.

아낙의 말

　일흔이 다 된 노인이 아침 산책을 하고 있는데, 어느 외딴집에서 아낙이 아이를 깨우는 소리가 들려왔다.
　"얼른 일어나! 지금이 한밤중인 줄 알아? 벌써 해가 중천에 떴단 말이야!"
　언뜻 듣기에도 하찮은 소리에 불과했다. 경을 읽는 소리도 아니고, 뭔가 계시를 내리는 말소리도 아니었다. 그저 아낙이 아이를 깨우는 소리였다.
　그러나 길을 가던 칠순 노인에게 그 소리는, 태양이 빛나고 새들이 노래하는 상쾌한 아침에 지나가는 산들바람 소리처럼 달게만 느껴졌다.
　"일어나란 말이야! 이제 그만큼 잤으면 됐잖아. 넌 너무 오래 잤어. 이젠 밤이 아니라 훤한 대낮이란 말이야!"
　아낙의 말은 화살처럼 노인의 가슴속 깊이 들어와 박혔다. 노인은 집으로 돌아가지 않았다. 곧장 마을 밖 사원으로 가서 깊은 명상에 잠기기 시작했다.
　그로부터 한참이 지난 뒤, 노인의 가족들이 사원을 찾아왔다.
　"아니, 집으로 돌아오시지 않고 여기서 뭘 하고 계십니까?"
　노인이 조금도 흐트러짐 없는 자세로 말했다.

"이젠 밤이 아니라 아침이다. 나는 이미 잘 만큼 잤다. 충분히 잤다. 부디 나를 이해해다오. 이젠 죽을 날이 머지않았다. 나는 다시 깨어나야 한다."

그 후 노인은 그 아낙의 집 앞을 지날 때마다 문 앞에 엎드려 큰절을 올렸다고 한다. 그에게 그 집은 곧 사원이었고 아낙은 그의 큰스승이었다.

하지만 노인은 단 한 번도 그 아낙의 얼굴을 본 적이 없었다. 게다가 그녀는 평범한 여인일 뿐이었다.

평범한 사람의 말 몇 마디라도 적당히 토양을 갖춘,
준비된 사람의 가슴에 떨어지면 훌륭한 씨앗이 되어 희망의 싹을 틔워 올린다.

3
정치에 대하여

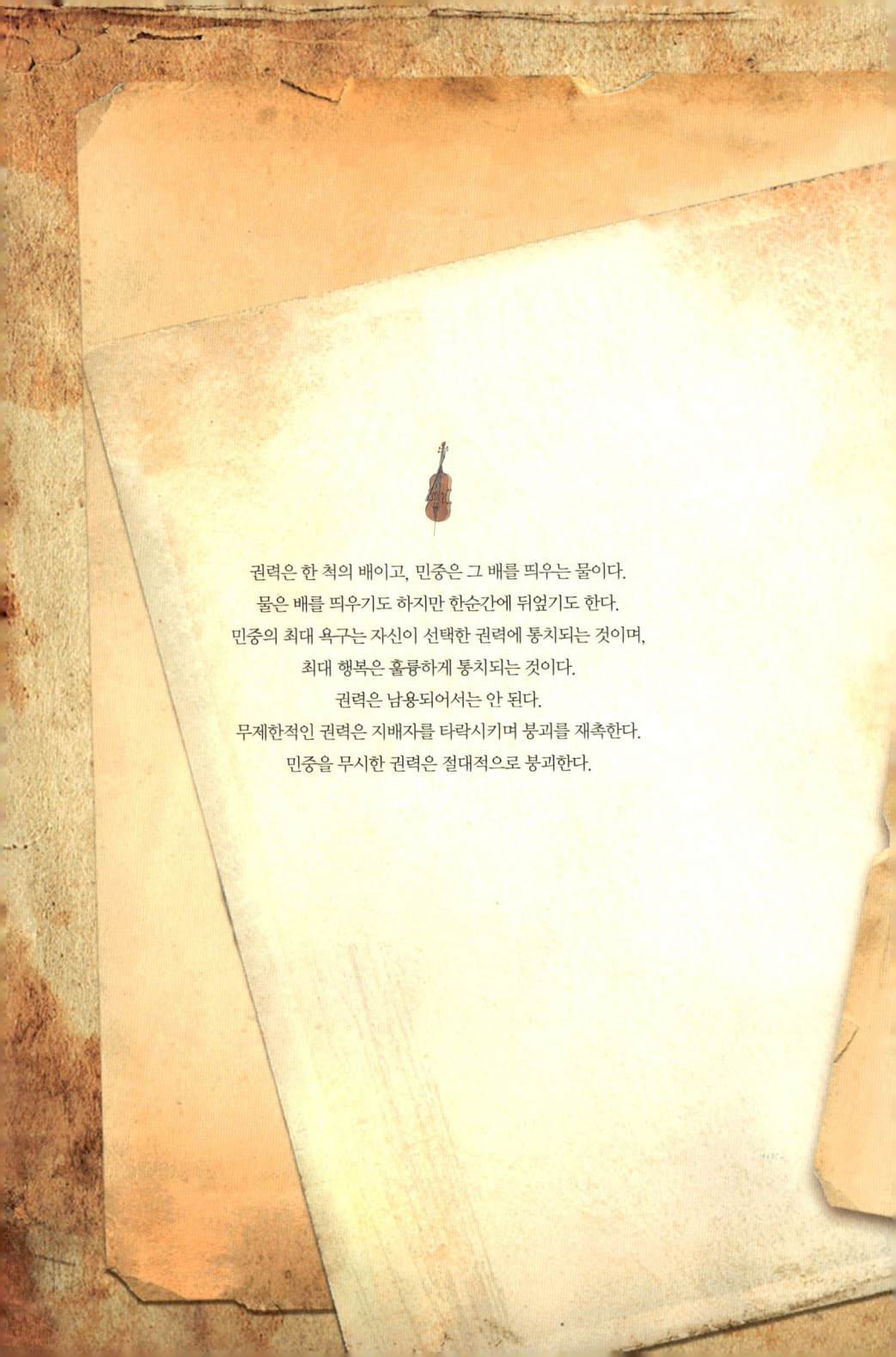

권력은 한 척의 배이고, 민중은 그 배를 띄우는 물이다.
물은 배를 띄우기도 하지만 한순간에 뒤엎기도 한다.
민중의 최대 욕구는 자신이 선택한 권력에 통치되는 것이며,
최대 행복은 훌륭하게 통치되는 것이다.
권력은 남용되어서는 안 된다.
무제한적인 권력은 지배자를 타락시키며 붕괴를 재촉한다.
민중을 무시한 권력은 절대적으로 붕괴한다.

공자의 견해

어느 날 한 제자가 공자에게 물었다.
"스승님, 일국의 정부가 갖춰야 할 기본적인 요소는 무엇인지요?"
공자가 세 가지를 들어 대답했다.
"식량과 무기, 그리고 백성의 신뢰지."
제자가 다시 물었다.
"만약 그 세 가지 중 하나를 버려야 한다면 스승님께서는 무엇을 버리시겠습니까?"
공자가 주저 없이 대답했다.
"무기를 버리겠다."
"나머지 두 가지 중 또 하나를 포기해야 한다면요?"
"당연히 식량을 포기해야지."
제자가 의아한 표정으로 물었다.
"식량을 포기하면 백성들이 죄다 굶어 죽을 텐데요?"
공자가 말했다.
"그렇지. 역사를 통해서도 알겠지만 인간에게 죽음은 피할 수 없는 숙명이다. 하지만 백성의 신임을 잃은 통치자는 참으로 모든 것을 잃지 않더냐?"

백성의 신임을 잃은 통치자에게 식량이 무슨 소용이고, 무기란 또 얼마나 위험천만한 것인가.

교활한 군주

혁명으로 권력을 거머쥔 왕이 있었다.

왕이 한번은 자신을 살해할 목적으로 궁내에 침입한 간첩을 생포했다.

그런데 피의 혁명으로 왕이 된 그는 평소 백성들에게 어떠한 경우라도 무력을 사용하거나 피를 흘리는 행동은 하지 않겠다고 약속해온 터였다. 왕은 당장에 그 간첩을 처단하고 싶었지만 백성들의 눈치를 살피느라 그러지 못하고 있었다.

하지만 자신의 목숨을 노린 자를 가만히 놔두었다가는 이후에 비슷한 일이 또 벌어지지 말라는 법이 없었다. 그래서 한 가지 묘안을 짜냈다.

왕은 간첩을 자기 나라로 돌려보내되 그 나라 왕 앞으로 편지를 전하게 했는데, 그 내용은 다음과 같았다.

'이자는 내 목숨을 노리고 침입했지만 실패하여 생포되었다. 죽여야 마땅하지만 이자의 용기를 가상히 여겨 살려 보낸다. 이같이 충직한 부하를 둔 당신을 높이 평가하는 바이다.'

간첩은 몸에 상처 하나 입지 않고 무사히 풀려나 본국으로 돌아갈 수 있었다. 하지만 편지를 가지고 자기 나라에 도착하기가 무섭게 그 나라 군주의 손에 처형되고 말았다.

그가 처형된 것은 임무를 수행하지 못했기 때문이 아니었다. 그의 나라 군주는 적국의 왕을 살해하려던 자가 용서를 받고 무사히 돌아온 점을 전혀 이해할 수가 없었다. 그래서 자기 간첩이 그쪽 군주와 모종의 결탁을 하지 않았나 하는 의심이 들어 살려둘 수가 없었던 것이다.

교활한 군주는 수시로 자신의 적을 제거하되 절대 자기 손을 더럽히지 않는다.

소용없는 것

어느 날 장자를 찾아온 친구가 그에게 물었다.
"이보게, 장주(장자의 본명)! 자네의 주장을 가만히 듣다 보면 황당해질 때가 많네. 우리가 살아가는 데 필요한 이야기가 전혀 없으니 말일세. 그게 무슨 소용인가. 자넨 쓸모없는 헛소리만 지껄이고 있는 게 아닌가."

장자가 말을 받았다.
"그렇다면 자네는 대체 무엇이 쓸모 있는지 잘 알고 있겠군. 어디 한번 대답해보게나."

그러면서 질문을 던졌다.
"자네가 알다시피 지금 우리가 밟고 있는 이 땅은 한없이 넓다네. 하지만 어떤가. 우리가 지금 밟고 있는 부분이란 게 고작 두 발바닥 넓이만 한 게 아닌가. 그렇다고 발바닥 밑만 남겨두고 주위의 모든 땅을 파 없애버린다면 어떻게 되겠는가. 이래도 발바닥만한 땅만 필요하다 하겠는가?"

"물론 그렇지는 않지."
친구의 대답에 장자가 조용한 어조로 결론을 내렸다.
"소용없는 것이야말로 참으로 소중한 것이네."

나무 한 그루가 숲을 대신할 수 없으며,
숲 전체를 보는 위치에서는 나무 하나를 구분할 수 없다.
진리는 어떤 개별적인 것에 의해 설명되거나 파악되는 것이 아니라 통일된 전체요,
하나의 원(圓)이다. 이 원의 세계에서 소용없는 것이란 아무것도 없다.

지금 지옥에서는

인도에 사는 한 노인이 임종을 맞이하게 되었다. 그는 살아생전 막대한 재산을 축적해놓은 구두쇠였다. 죽음을 눈앞에 둔 그가 아내에게 이런 말을 했다.

"내가 죽으면 화장을 하되 어떤 옷도 입혀주지 말구려."

"아니, 그게 무슨 소리예요?"

"난 내가 갈 곳을 잘 알고 있소. 살아생전 많은 죄를 지었으니까 틀림없이 뜨거운 불지옥으로 갈 것이오. 그런 곳에서 옷이 무슨 소용이오. 괜한 낭비일 뿐이지."

그의 유언에 따라 아내는 옷가지를 전혀 입히지 않고 화장을 했다.

그날 밤 잠자리에 든 부인은 한밤중에 시끄러운 소리가 나 잠이 깼다. 누군가가 문을 두드리고 있었고, 밖으로 나가 문을 열어보니 죽은 남편의 유령이 서 있었다.

유령이 입술을 바르르 떨며 말했다.

"여보, 내 털점퍼 좀 주시오."

부인이 의아한 표정으로 물었다.

"아니, 옷이 아깝다며 입히지 말라더니…… 대체 무슨 일이죠?"

유령이 말했다.

"내가 잘못 판단했어. 그들이 에어컨 지옥을 가지고 있더란 말이야. 추워 죽겠다고!"

지옥이 고통 받는 곳이라고? 천만에!
수많은 정치가와 종교인이 그곳에 가 있고,
개중에는 인류를 병들게 한 과학자도 있을 것이다.
정치가는 살 만한 지옥을 건설하자고 역설할 것이고,
종교인은 그곳이 바로 천국이라고 설교할 것이다.
그런 그들이 에어컨 하나 갖고 있지 않다는 게 말이 되는가!

노예

그리스의 철학자 디오게네스.

한번은 그가 체포되어 노예시장에 끌려갔다.

그는 경매 순서가 되자 자신을 잡아끄는 관리들의 손을 뿌리치고 자진하여 성큼성큼 무대 위로 걸어 올라갔다.

그러고는 우렁찬 목소리로 다음과 같이 외쳤다.

"자. 보시오. 저 주인이 팔려가기 위해 나와 있소. 여러분 중에 저 주인을 사고 싶은 종은 없소?"

깨달은 이를 노예로 만들기는 불가능하다.
설사 노예가 되더라도 그는 자유인처럼 행복하기 때문이다.

호랑이 조심

어느 저택을 방문해보니 대문에 '호랑이 조심'이라는 표지판이 커다랗게 붙어 있었다.

'호랑이가 집을 지킨다니, 집이 크긴 큰 모양이구나.'

방문객은 겁을 잔뜩 집어먹고 주위를 살피며 조심조심 안으로 들어섰다.

그런데 아무리 둘러봐도 호랑이는 없고 기껏 보이는 것이라곤 대문 옆에서 꾸벅꾸벅 졸고 있는 고양이 한 마리뿐이지 않은가!

의아하게 여긴 방문객이 집주인에게 물어보았다.

"어찌된 일이죠? 이 큰 저택을 지키자면 문에 써 붙인 대로 호랑이 한 마리 정도는 있어야 하는 것 아닙니까?"

집주인이 말했다.

"고양이 한 마리로 충분합니다."

방문객이 여전히 모르겠다는 표정으로 되물었다.

"아니, 저 쪼그만 고양이 한 마리가 이 큰 저택을 지킨다고요?"

집주인이 대답했다.

"그럴 리야 없죠. 사실 이 집을 지켜주는 건 대문의 표지판이죠."

인간이 빵만으로 살 수 없다는 것은 분명하다. 그렇다면 철학은 어떤가, 빵 한 조각 먹여줄 수 있는가?
표지판에 주의하라. 좌우명은 갖되 그것에 목숨까지 거는 바보짓은 하지 마라.

팬터마임 게임

중세기 로마의 어느 교황은 측근들의 강력한 제의를 받아들여 유대인들에게 추방령을 내리기로 했다.

그 소식에 유대인들은 무척 불안해했다. 세상 어디를 가더라도 유대인 신분으로는 로마에서보다 못한 취급을 받을 게 뻔하기 때문이었다. 그래서 교황에게 추방령을 재고해달라고 간청했다.

유대인들이 그렇게 나오자 교황은 한 가지 게임을 제안했다. 유대인들이 임명하는 대표와 교황 자신이 팬터마임 게임을 벌여 논쟁을 펼치자는 것이었다. 그래서 만약 유대인 대표가 승리하면 그들이 로마에 머무는 것을 허락해주겠다고.

교황의 제안에 유대인들은 즉각 모임을 갖고 토론을 벌였다. 하지만 별달리 뾰족한 수가 없었다. 제안을 거절하자니 쫓겨날 판이고, 받아들이자니 패할 게 불을 보듯 뻔하기 때문이었다. 교황 자신이 경기에 임하는 당사자이자 심판관인데, 무슨 수로 그를 이긴단 말인가.

그러나 해보지도 않고 쫓겨날 수는 없는 노릇, 교황의 제안을 받아들여야 했다. 대책이라야 겨우 교황과 게임을 할 지원자를 찾아내는 일 정도였다. 일행이 과연 누구를 내세울 것인가를 놓고 심각하게 고민하고 있는데, 그때 자진하여 나서는 이가 있었다. 그는 다름 아닌 회당의 관리인이었다.

그를 본 랍비들이 크게 놀라며 저마다 한마디씩 해댔다.

"관리인이라고?"

"말도 안 돼! 무슨 망신을 당하려고!"

되니 안 되니 하면서 랍비들이 한바탕 소란을 피우고 있는데, 여태껏 침묵을 지키고 있던 수석 랍비가 입을 열었다.

"물론 상대가 안 될지도 모릅니다. 하지만 지금 우리 가운데 어느 누구도 그 시합에 나서려는 이가 없지 않소?"

"……."

"관리인이라도 내세우지 않는다면 우린 시합을 포기하게 되는 것이오."

수석 랍비의 말에 더 이상 왈가왈부하는 사람이 없었다. 그리하여 결국 그 관리인이 교황의 팬터마임 게임 상대자로 선발되었다.

날이 밝고 드디어 대결의 날이 왔다. 교황은 추기경들에게 둘러싸인 채 성 베드로 광장에 마련된 옥좌에 앉아 있었고, 작고 초라한 유대인 대표들도 관리인과 함께 그들 특유의 검정 도포 차림에 긴 수염을 휘날리며 광장에 도착했다.

교황이 관리인과 마주 앉았고 곧 시합이 시작되었다. 교황은 먼저 엄숙한 표정으로 손가락 하나를 추켜올린 다음 하늘을 향해 가로 그었다. 그러자 관리인은 즉각 자기 손가락을 펴들고 힘주어 땅을 가리켰다. 순간 교황의 얼굴에는 당황하는 기색이 역력했다.

교황이 이번에는 더욱 엄숙한 자세로 손가락을 들어 관리인의 얼굴 정면에 내보였다. 그러자 관리인은 더욱 단호한 표정으로 손가락 세 개를 펴서 교황 앞으로 내밀었다. 교황의 얼굴은 점점 놀라는 표정으로 일그러져갔다.

교황이 이번에는 호주머니에 손을 넣어 사과 하나를 꺼내들었다. 이에 관리인은 자기가 갖고 있던 종이봉투에서 굽지 않은 빵 한 조각을 꺼내들었다.

관리인의 행동에 교황의 표정이 참담하게 일그러졌고, 이윽고 그는 큰 소리로 외쳤다.

"이 시합은 저들 유대인 대표의 승리요. 따라서 약속한 대로 추방령은 취소되었소!"

그 말을 들은 유대인들은 기쁜 마음에 황급히 관리인을 데리고 그곳을 떠났고, 경악한 추기경들은 놀라움이 가시지 않은 표정으로 즉시 교황 주위로 모여들었다.

"아니, 대체 어찌된 영문입니까? 저희로서는 그렇게 빠르게 주고받는 시합을 도저히 이해할 수가 없습니다."

추기경들의 질문에 교황이 이마에 흐르는 땀을 훔쳐내며 대답했다.

"그 사람은 참으로 탁월한 신학자이자 시합의 귀재였소. 나는 처음 모든 우주가 하느님께 속한다는 뜻으로 하늘을 향해 손가락을 가로 그음으로써 시합을 시작했소. 그런데 그는 손가락으로 땅을 가리켰소. 내게 악마들이 지배하는 지옥이 있다는 사실을 상기시켰던 것이오. 그래서 내가 이번에는 하느님은 오직 한 분뿐임을 말하기 위해 그의 눈앞에 손가락 하나를 내밀었소. 그러자 그는 즉시 손가락 세 개를 펴 보였는데, 순간 내가 얼마나 놀랐는지 아오? 그는 내가 말한 하느님이 세 개의 위벽을 지니셨음을 보여주었던 것이오. 우리가 믿는 삼위일체론과 꼭 같은 그것을 말이오. 결국 나는 그 친구가 천재적인 신학자임을 인정하는 수밖에 없었소. 그래서 이번에는 다른 곳으로 화제를 돌렸지. 나는 최근 몇몇 학자가 주장하는 대로, 지구가 둥글다는 것을 나타내기 위해 사과를 하나 꺼내들었소. 그런데 그 친구는 즉각 굽지 않은 빵 한 조각을 꺼내들고는 성서에 의하면 지구는 평평하다는 사실을 상기시켰소. 어떻소? 이러니 내가 그에게 승리를 내주지 않을 수 있겠소?"

한편 유대인들도 그들의 회당에 도착했고, 다들 놀라운 표정으로 그 관리인에게 물었다.

"설명 좀 해보시오. 대체 어떻게 된 일이오?"

"정말 무례하기 짝이 없고 터무니없는 일이었습니다."

관리인이 매우 분개한 표정으로 말문을 열었다.

"교황은 내게 처음 모든 유대인들은 로마를 떠나라는 뜻으로 손을 들어 내그었습니다. 그래서 나는 손으로 땅을 가리키며 우리는 여기서 살겠다, 조금도 움직이지 않을 것임을 분명히 했습니다. 그러자 그는 손가락으로 내 얼굴을 가리키며 마치 '건방지게 굴지 마' 하는 투로 위협하는 겁니다. 그래서 나도 손가락 세 개를 내보이며 '당신이 무례하게 우리더러 떠나라고 하니, 그 명령이야말로 뻔뻔스럽기 짝이 없다' 하고 대꾸했죠."

"그 다음에는?"

또다시 묻자 그 관리인은 이렇게 대답하는 것이었다.

"다음요? 그 다음은 뻔해요. 그가 점심을 꺼내기에 나도 내 점심을 꺼내든 것뿐이니까요."

안다는 것은 때로 불리한 경우가 있다. 많이 안다는 것은 불리할 확률이 더욱 높다.
남들보다 많이 안다고 지배자인 척 군림하려 드는 자야말로
가장 많은 허물과 함정을 지닌 인물이 아니던가.

공약

 선거철이 되어 농촌지역을 방문한 어느 정치가가 군중을 모아놓고 유세를 펼쳤다.
 "저도 시골 출신입니다. 저는 곡식을 거두는 일과 소떼를 모는 법, 경운기를 모는 법, 심지어 볏가마니를 져 나르는 법까지, 농촌에서 하는 일은 뭐든 못하는 게 없는 사람입니다. 요즘같이 농정이 불안한 시대에는 저 같은 인재를 국회로 보내야 하지 않겠습니까? 저는 여러분을 위해서라면 뭐든지 할 수 있습니다. 만일 제 능력에 의심되는 부분이 있다면 뭐든 서슴지 말고 말씀해주시기 바랍니다."
 정치가의 말에 다들 입을 다물고 있는데, 유독 뒷줄의 한 사람이 손을 들고 퉁명스럽게 물었다.
 "물어보라고 해서 말인데, 댁은 계란도 낳을 수 있소?"

선거철마다 혓바닥으로 마술을 부리는 정치꾼들.
부자나 중산층, 심지어 뒷골목 부랑자들한테까지 장밋빛 공약을 남발하는데…… 신이 웃는다.
전지전능한 나도 못하는 일들을 그대들은 단 세 치 혀로 해치우겠다고?

화학과 법률

하산이 가짜 포도주를 대량으로 제조·판매한 죄목으로 체포되어 법정에 섰다.

법원에서는 변호사 선임을 권유했다. 하지만 하산은 스스로 자신을 변호하겠다며 직접 재판관을 향해 섰다.

"재판관님, 혹시 화학에 관해 잘 알고 계십니까?"

재판관이 대답했다.

"아니오, 난 법률전문가라서 화학은 잘 모르오."

그러자 하산이 이번에는 옆자리에 참고인 자격으로 나와 있던 관리에게 물었다.

"주조(酒造) 관리자님, 당신은 어떠합니까? 법률에 관해서도 잘 알고 계십니까?"

그가 대답했다.

"아니오, 난 단지 화학기사일 뿐이오."

하산이 고개를 끄덕이고 나서 재판관을 향해 말했다.

"보십시오, 재판관님. 사정이 이러한데 이 무식한 사람한테 법률과 화학 양쪽 모두를 알아야 한다고 고집하는 겁니까?"

세상의 논리는 함정투성이며 규제와 법률도 해석하기에 따라 모순덩어리다.
대다수의 사람들은 성실하게 살아가려고 노력한다. 하지만 그렇지 못한 사람들,
법률의 모순과 함정을 노려 부당하게 이득을 취하는 자들 또한 비일비재하다.
폭군처럼 군림하며 개개인을 억압하는 법률은 끊임없이 도전받아야 마땅하다.

셔츠는 안 돼

혁명이 끝난 뒤 인민의 사상교육을 맡은 정치교육원이 한 피교육자에게 질문했다.

"만약 당이 그대에게 단 한 푼밖에 남지 않은 동전을 요구한다면, 그대는 어떻게 하겠는가?"

"예, 그 즉시 헌납하겠습니다."

정치교육원이 다시 물었다.

"그대가 가지고 있는 마지막 셔츠 한 벌을 요구한다면 어쩌겠는가? 그것도 내놓겠는가?"

남자가 이번에는 완강한 태도로 대꾸했다.

"천만에요! 그건 절대로 내놓을 수 없습니다."

"왜 그렇지?"

"돈은 가진 게 한 푼도 없지만, 셔츠는 마침 제가 한 벌 가지고 있거든요."

자본주의는 자체 모순에 의거, 혁명을 거쳐 사회주의로 이행된다는 마르크스-레닌주의는 현 시대와 전혀 동떨어진 이론일지도 모른다. 마르크스도, 레닌도 자본주의가 인간의 본성을 얼마나 처참하게 변질시키는가 하는 문제는 짐작조차 못했으니까!

그렇다! 혁명의 순간이 닥치더라도 인간은 자신이 가지고 있는 셔츠 한 벌에 미련을 둘 것이다. 무임승차를 원하면 원했지 누가 가진 것을 토해놓고 자기 손에 더 많은 피를 묻히려고 팔을 걷어붙인단 말인가.

세 가지 단어

미국인 세 명이 페르시아 말을 단 몇 마디밖에 알지 못하는 무식꾼을 추종하여 따라다녔다.

그 무식꾼은 스승이랍시고 세 사람에게 페르시아 말을 딱 세 가지만 가르쳐주었는데 그것은 '우리', '아닙니다', '행복'이라는 단어였다.

그 세 단어를 익힌 미국인 제자 셋은 지식을 얻었다 하여 곧 성지 순례를 떠났다.

여러 날 순례를 하던 그들이 페르시아의 어느 마을에 도착했을 때였다.

인적이 드문 거리를 지나는데, 문득 길바닥에 쓰러져 있는 사람이 눈에 띄었다. 이상히 여겨 가까이 다가가 살펴보는데, 갑자기 주위에서 사람들이 우르르 몰려나오며 소리쳤다.

"살인이다!"

"누가 이 사람을 죽였지?"

사람들의 아우성에 그들은 몹시 당황해했다. 자칫하면 억울한 누명을 쓰고 살인범으로 몰릴 판이었다. 그래서 어떻게든 위기를 모면해볼 생각으로, 먼저 첫 번째 미국인이 자기가 아는 유일한 페르시아 말을 했다.

"우리."

그 말을 들은 사람들이 가만히 놔둘 리 없었다. 그들 세 사람은 곧 법정으로 끌려가게 되었다.

재판관이 그들을 심문했다.
"그대들은 왜 하필 그때 거기서 어슬렁거리고 있었는가?"
그러자 두 번째 제자가 자신이 아는 유일한 단어를 말했다.
"아닙니다."
재판을 구경하고 있던 사람들이 아우성쳤다.
"거짓말이다!"
"놈들은 살인자다!"
재판관이 군중의 동요를 가라앉히고 나서 다시 물었다.
"그래, 그 사람을 죽일 때 그대들의 심정은 어떠했는가?"
그러자 세 번째 제자가 역시 자신이 알고 있는 유일한 페르시아 단어를 말했다.
"행복."
군중이 더욱 들끓었다.
"뭐? 행복이라고? 짐승 같은 놈들!"
"놈들을 사형시켜라!"
"죽여라!"
재판관이 다시 물었다.
"무슨 이유로 그를 죽였지?"
군중의 야유와 저주, 그리고 계속되는 심문에 세 명의 미국인은 몹시 당황해하면서도 자신들이 처한 상황이 매우 불리해지고 있음을 직감하고 있었다.

그래서 세 사람은 어떻게든 자신들의 무고함을 알리기 위해 일제히 각자가 아는 페르시아 말을 외쳤다.

"우리는!"

"행복하지!"

"아니하오!"

그 소리를 들은 재판관이 단호한 어조로 판결을 내렸다.

"음, 체제에 불평이 많은 자들이군. 이자들이야말로 의심할 여지 없이 간악한 살인자들이 분명하다. 모조리 사형에 처하도록!"

스승은 반드시 필요한 존재이지만 그 스승이 누구이고, 어떤 가르침을 받느냐가 중요하다.
또 끊임없이 배움을 추구하되 그 지식을 함부로 남용해서도 안 된다.

육체의 가격

나스루딘이 대중탕에 들어가 열심히 때를 밀고 있는데, 위대한 황제이자 정복자이고 살인자인 타물린이 안으로 들어왔다.

모든 사람들이 예의를 취했지만 나스루딘은 본체만체하고 자기 일에만 몰두했다. 그러자 타물린이 다가와 말을 걸었다.

"난 그대가 무척 현명한 사람이라고 들었소. 그래서 물어보건대, 그대 눈에는 내 몸의 가격이 얼마나 된다고 생각하오?"

그렇게 물으면서 타물린은 '어떻게 값을 매길 수 있겠습니까, 황제께서는 온 우주를 통틀어 가장 위대하고 값진 존재이시다' 라는 답변을 기대하고 있었다.

그런데 타물린의 위아래를 쓰윽 한번 훑어보고 난 나스루딘은 이렇게 대꾸하는 것이었다.

"80루피요."

"뭐라고?"

타물린이 버럭 화를 내며 물었다.

"80루피라니! 지금 내가 걸치고 있는 이 수건 값만 해도 그 정도는 나갈 텐데, 대체 그게 무슨 소린가?"

나스루딘이 말했다.

"그래서 80루피라고 한 겁니다. 당신을 계산한 것이 아니라 당신이 걸치고 있는 그 수건 값만 계산한 거지요."

"?"

"사실, 인간의 육신은 값을 매길 수가 없지요."

나스루딘은 그렇게 말하면서도 속으로 '너 같은 건 아무것도 아니야' 라고 말하고 있었다.

몸에 좋은 것만 고집하는 인간에게 가장 중요한 것이 바로 자기 육신이다.
그러나 자신을 자신의 육체와 동일시하는 것이야말로 모순이자 어리석음의 한 표본이다.
황제든 거지든, 지니고 있는 육신에는 값을 매길 수 없다.
그것이야말로 한 푼의 가치도 없기 때문이다.
육체는 단지 정신을 쌓고 운반하는 수단이라야 그 값을 발휘한다.

독일이 패한 이유

제1차 세계대전이 지난 어느 날, 독일의 한 초등학교 역사 시간에 교사가 한 학생을 지목하여 물었다.
"넌 지난 세계대전에서 독일이 패한 원인이 뭐라고 생각하는가?"
그 학생이 대답했다.
"예, 독일군에 유대인 병사들이 끼어 있었기 때문입니다. 그들은 대단한 겁쟁이들로 전쟁 중에 도망치는 자가 많아서 우리가 패한 겁니다."
교사가 흡족한 표정을 지었다.
"좋다! 그럼 이번엔 힌릭스 너, 그 밖의 다른 원인을 들라면?"
힌릭스라는 학생이 말했다.
"병참부에도 유대인이 있었기 때문입니다. 그들이 식량과 피복을 빼돌려서 우리가 패한 겁니다."
"맞았어. 그렇다면 로젠버그, 넌 어떻게 생각하지?"
교사의 지목에 로젠버그라는 학생이 쭈뼛쭈뼛 일어나 작은 목소리로 말했다.
"예, 그건 유대인이 참모본부에도 있었기 때문입니다."
교사가 언성을 높였다.

"그게 무슨 소리야? 유대인 따윈 우리 독일 참모본부에 발도 들여놓을 수 없었어!"

교사의 으름장에 어느덧 울상이 되다시피 한 로젠버그가 다음 말을 이었다.

"독일군 참모본부가 아니라…… 사실 프랑스군 참모본부에 유대인이 있었습니다. 그래서 독일이 패한 겁니다."

패배자들은 자신들의 패인을 꼭 힘없는 약자들에게 덮어씌우고 괴롭히는 재미로 스스로를 위안하려 한다.

게와 정치가

한 정치가가 휴양지의 해변을 거닐다가 한 어부를 만났다. 그 어부는 마침 꽃게를 잡아 버드나무로 만든 바구니에 집어넣고 있었는데, 게를 잡는 내내 그 바구니의 뚜껑을 열어두고 있었다.

정치가가 궁금증을 참지 못하고 말을 걸었다.

"이렇게 바구니를 열어놓으면 게가 기어나와 도망치지 않겠소?"

그러자 어부는 이렇게 대꾸하는 것이었다.

"천만에요! 이 게들은 꼭 정치가들 같습니다."

"?"

"한 마리가 기어오르려고 하면 다른 놈들이 달려들어 끌어내립니다. 그러니 도망칠 수가 없지요."

어부의 말에 정치가는 할 말을 잃고 말았다.

이런 식으로 우리는 틈만 났다 하면 정치가들을 비난하고 있다.
정치가는 반드시 필요한 존재다. 그들이 없으면 세상만사가 무료하고 심심해진다.
그들이 없으면 우리 대체 누구의 허물을 비난하고 저주한단 말인가!

미쳐버린 왕

 어떤 미친 사람이 우물에 독약을 풀었다. 누구든지 그 물을 마시면 미쳐버리고 마는 독약이었다.
 그 나라에는 마침 우물이 딱 두 개밖에 없었다. 하나는 독약을 탄 백성들의 우물이었고, 하나는 궁궐의 왕이 마시는 우물이었다.
 시간이 지나면서 우물물을 마신 백성이 하나둘씩 미쳐가기 시작했다. 그들은 그 우물물을 마시면 미쳐버린다는 사실을 소문으로 알고 있었지만 마실 물이 그것밖에 없으므로 마시지 않고는 버틸 수가 없었다. 날씨마저 무더운 한여름, 백성들은 너나없이 그 우물물을 마셨고 결국 온 나라 사람들이 미쳐 날뛰기 시작했다.
 하지만 궁궐에 머물고 있는 왕에게는 전혀 위험이 없었다. 그와 궁궐 식구들이 마실 수 있는 온전한 우물이 따로 있었기 때문이다.
 멀쩡한 왕이 보니 백성들은 이미 제정신이 아니었다. 정신없이 웃고 떠들며, 춤추고, 난리법석이었다. 이성을 잃고 흐느적거리는 백성들의 모습은 흡사 지옥의 한 장면과도 같았다.
 백성들은 더욱 미쳐갔고, 궁궐에 머물고 있는 군속들 또한 예외가 아니었다. 병사들과 신하들마저 그 물을 마시고 미쳐버렸다. 온전한 이들은 왕과 왕비, 식구들과 몇몇 측근뿐이었다.
 나라가 그 지경에 이르자 왕은 큰 걱정에 사로잡혔고, 급기야 측근들을 모아놓고 대책 마련에 나섰다.
 "이 일을 대체 어찌하면 좋겠는가? 무슨 묘안이 없는가?"

다들 입을 꾹 다물고 있는데, 한 대신이 입을 열었다.
"폐하, 꼭 방법이 없는 것은 아닙니다만……."
"그래? 그 방법이 뭔데?"
왕의 물음에 대신은 이렇게 말했다.
"예, 폐하께서도 그 우물물을 마셔버리는 겁니다."
"뭐라고?"
"송구하옵니다만 다른 방법이 없습니다. 서두르시는 게 좋을 듯하옵니다."

왕의 입장으로 보면 당치도 않은 일이었지만 신하들은 이미 마음을 굳힌 듯했다. 결국 신하들의 재촉에 못 이긴 왕은 백성들과 마찬가지로 그 우물물을 마셨고, 이윽고 그도 미쳐서 온몸을 흔들며 춤을 추기 시작했다.

그런 왕의 모습에 온 백성들이 소리치며 좋아했다.
"오, 감사합니다. 우리 임금의 마음이 이제야 돌아왔습니다."

군주의 독단처럼 어리석고 위험천만한 것은 없다.
군주의 마음은 백성들의 맨 밑바닥으로 내려가 있어야 한다.

신발

근엄하지만 어리석기 그지없는 왕이 있었다.

그는 발걸음을 옮길 때마다 거친 땅 때문에 발이 상한다고 수시로 투덜대더니 급기야 부하들에게 이런 명령을 했다.

"나라 전역에 쇠가죽을 깔도록 하라!"

그 명령은 삽시간에 전국으로 번져나갔고, 얼마 지나지 않아 그 얘기를 들은 한 백성이 배꼽을 잡고 웃다가 마침내 왕을 찾아뵙기에 이르렀다.

"폐하, 소문을 들었습니다만 그 무슨 가당치 않은 생각이십니까?"

"아니, 뭐라고!"

"전국을 쇠가죽으로 덮다니요. 그러려면 세상의 소를 다 잡아도 불가능할 것입니다. 그렇게 무모한 짓을 벌일 필요가 뭐 있겠습니까? 그냥 폐하의 두 발을 보호해줄 수 있을 정도의 쇠가죽 두 조각만 있으면 되지 않겠습니까?"

"음, 그런 묘안이……?"

결국 왕은 그 백성의 말을 따르기로 했고, 그것이 바로 신발이 만들어지는 계기가 되었다는 이야기다.

세상을 바꾸려 하기 전에 먼저 자신의 마음을 변화시켜라.
세상에 대한 혁명을 노래하기 전에 먼저 자신의 마음속에서
혁명의 불꽃이 튀어야 하지 않겠는가!

삼단논법

    한 남자가 어느 카페에 들어가 애플파이를 주문했다.
    그런데 그 남자는 종업원이 파이를 내오자 생각이 달라졌다면서 파이를 돌려보내고 보드카 한 잔을 주문했다.
    종업원이 보드카를 가져오자 남자는 그것을 단숨에 털어넣고 일어섰다. 그런데 계산할 생각을 하지 않고 그냥 나가려 하는 게 아닌가.
    종업원이 당황해하며 그를 불러 말했다.
    "손님, 보드카 값을 안 내셨는데요."
    남자가 태연스레 대꾸했다.
    "당연하지, 난 대신 애플파이를 돌려주지 않았나?"
    "그 파이 대금은 받은 적이 없는 걸요."
    손님이 말했다.
    "당연하지, 내가 언제 파이를 먹었는가?"

논리로 중무장된 인간에게 해석 불가능이란 없다.
그들은 차갑고, 뻔뻔스러우며, 교활하다.

위병 근무

　새로 전입해온 신병에게 부대 정문 위병 근무가 주어졌다. 그에게 떨어진 명령은 어떤 경우, 어느 누구라도 출입증을 제시하지 않으면 통과시키지 말라는 것이었다.
　신병은 근무 교대를 한 지 얼마 지나지 않아 부대로 들어오는 한 장군의 차량을 세우게 되었다. 그런데 그 장군은 자기 운전병에게 보초를 무시하고 그대로 운전해 들어가라고 지시했다.
　차가 그대로 지나치려 하자 신병은 몸으로 그 차를 가로막았다. 그리고 총을 차창 가까이 들이대며, 얼굴 표정이 벌겋게 변한 장군을 쳐다보고 물었다.
　"죄송합니다만 장군님, 저는 이 임무를 처음 부여받아 잘 모르겠습니다. 누굴 쏠까요? 장군님입니까, 운전병입니까?"

상사는 스스로의 존엄을 충실히 이행함으로써 위대함을 성취하는 것이고,
동시에 아랫사람에게 스스로의 존엄을 이행케 함으로써 위대함을 이루는 것이다.
위대함은 검손함을 가장하여 오만하지 않고 오만함을 가장하여 검손하지 않을 때 드러난다.

모든 것은 지나간다

　어느 왕이 신비가를 찾아가서는, 새로 선물 받은 자신의 다이아몬드 반지에 세상에서 가장 지혜로운 말을 새겨달라고 부탁했다.
　신비가는 다이아몬드 안쪽에 어떤 문장을 새겨 조그만 상자에 담아 주면서 이렇게 주의를 주었다.
　"절대 함부로 열어보지 마십시오. 만일 호기심에 그것을 열어보면 그 말이 사라지고 말 것입니다."
　왕은 무척 궁금했지만 신비가의 말을 명심하여 꾹 참고 열어보지 않았다.
　그로부터 꼭 한 달이 지난 어느 날, 이웃나라 군대가 그 나라로 쳐들어왔다. 왕은 군사들을 이끌고 최선을 다해 싸웠지만 곧 패배하여 혼자서 산 속 깊은 곳으로 도망쳤다. 뒤로는 적이 추격해오고 길도 점점 험해지더니 까마득한 절벽이 앞에 나타났다. 한마디로 사면초가였다.
　순간 왕의 머릿속에 신비가의 말과 그 반지가 떠올랐다. 그는 얼른 품에 넣어둔 상자를 열어 반지 안쪽을 살펴보았다. 그랬더니 다음과 같은 글귀가 쓰여 있었다.
　'이번에도 지나갈 것이다.'
　그 글귀를 읽고 난 왕은 곧 다급하고 초조한 심정을 떨쳐버렸다.
　'그래, 모든 것은 지나가게 마련이지.'
　왕은 두 눈을 지그시 감고 조금의 미동도 없이 그 자리에서 기다렸다. 그러자 추격해오던 적군이 아슬아슬하게 그를 비껴 지나갔고, 절체절

명의 위기도 사라졌다. 왕은 곧 흩어져 있는 병사들을 다시 모아 대대적인 반격을 펼쳤고, 얼마 지나지 않아 궁궐을 되찾았다.

그가 다시 입궐하는 날 성안에서는 대대적인 축제가 벌어졌다. 모든 백성들이 왕을 칭송했고, 적을 물리쳤다는 승리감에 도취되어 성 전체가 들떴다.

왕은 술이 가득 담긴 잔을 높이 쳐들며 외쳤다.

"자, 영원한 승리를 위하여!"

그런데 바로 그 순간 느닷없이 반지에 적혀 있던 글귀가 떠올랐다.

'이번에도 지나갈 것이다.'

왕은 저절로 숙연해지고 말았다.

고통도 행복도 일시적이며, 아름다움과 추함 역시 한순간의 겉모습에 불과하다.
성자도 죄인도 무신론자도, 그대가 누구든 그대 스스로에게 맡겨진 삶에 충실하라.
그대 스스로의 정체성을 안고 흔들림 없이 온몸으로 부딪쳐가라.

진짜 정치

어느 날 어린 꼬마가 아버지에게 물었다.

"아빠, 정치가 뭐야?"

뜻밖의 질문을 받은 아버지는 잠시 고민하더니, 어린 아들이 이해하기 쉽게 다음과 같이 설명했다.

"정치라는 것을 우리 집으로 비유하자면 이렇단다. 돈을 벌어오는 아빠는 자본가, 그 돈으로 살림을 하는 엄마는 정부, 그리고 넌 국민인 셈이지."

꼬마가 다시 물었다.

"그럼 동생은?"

"응, 동생은 앞으로 자라날 우리의 미래라고 볼 수 있지."

"그럼, 우리 집 가정부 누나는?"

그 말에 아버지가 약간 당황했다.

"가정부? 가정부 누나는 자본가인 아빠의 돈을 받으니까 노동자인 셈이지."

그날 밤, 초저녁에 일찍감치 잠자리에 든 꼬마는 동생의 울음소리에 놀라 잠이 깼다. 시끄러운 건 둘째치고 냄새가 지독했다. 아직 갓난아기인 동생이 똥을 싼 것이었다.

꼬마는 먼저 엄마를 부르려고 안방으로 달려가 문을 두드렸다. 하지만 깊이 잠들었는지 엄마는 대꾸조차 없었고, 하는 수 없이 가정부를 찾으러 그녀의 방으로 갔다.

그런데 이상하게도 방문이 열려 있고, 슬쩍 문을 밀치고 안을 들여다본 꼬마는 입이 다물어지지 않았다. 그 방에서 아버지가 가정부와 한창 그 짓을 벌이고 있는 게 아닌가!

이튿날 아침, 아버지와 나란히 식탁에 앉은 꼬마가 말했다.

"아빠, 어젯밤에 진짜 정치란 게 뭔지 배웠어요."

아버지가 신통하다는 표정을 지으며 물었다.

"그래, 네가 배웠다는 그 진짜 정치란 게 뭐니?"

꼬마가 말했다.

"진짜 정치란 국민이 도움을 요청해도 묵살해버리는 정부, 노동자를 깔아뭉개는 자본가, 똥 위에서 뒹굴고 있는 우리의 미래예요."

"……?"

사상이 자유롭고 언론이 자유롭고 노동이 자유로우며 신앙이 자유로운 것, 이것이 민주주의의 이념이다.
그런데 엄밀한 의미에서 민주주의는 과거에도 없었고, 미래에도 존재하지 않을 것이다!

수피의 편지

왕과 절친한 수피가 하루는 왕을 찾아와 왕궁을 떠나겠다고 말했다.
"떠나다니, 그게 무슨 소린가? 대체 어디로 가려고?"
왕이 말렸지만 수피의 결심은 완강했다.
"멀리 가난한 사람들한테로 가려고 합니다. 저는 그 사람들에게 더 큰 도움을 줄 수 있을 테니까요."
"허 참, 그대 뜻이 정 그렇다면 할 수 없지. 하지만 종종 연락은 하고 살아야 하지 않겠나. 그래, 어떻게 연락하면 되겠는가?"
그 말에 수피는 대답 대신 밀봉된 편지 한 통을 건네주며 말했다.
"나중에 어떤 사람이 찾아와 커다란 과일에 관한 소식을 전하면 이 편지를 개봉해보십시오. 아마 그때쯤이면 제 할 일도 끝나 있을 것이고 폐하께서도 하실 일이 있을 겁니다."
말을 마친 수피는 왕과 아쉬운 작별을 하고 곧 길을 떠났다.
그로부터 몇 년이 훌쩍 지나갔다. 왕궁을 떠난 수피는 한동안 어느 마을에 머물고 있었다.
어느 날 밤 수피가 밤길을 걷고 있는데, 낯선 사내가 그를 덮쳤다. 그리고 수피가 반항하자 거리낌 없이 그를 살해하고 말았다.
사내는 며칠째 그의 뒤를 쫓던 강도로, 수피가 많은 돈을 지니고 있는 줄 알고 살해한 것이었다. 그러나 막상 수피를 죽이고 보니 지니고 있는 돈은 한 푼도 없고 호주머니에 작은 봉투 하나가 들어 있었는데, 겉에 '거대한 사과나무 씨앗'이라는 글귀가 쓰여 있었다.

돈 한 푼 건지지 못한 사내는 몹시 실망하면서도 그 괴상한 씨앗을 가져다가 자기 집 마당에 심었다.

그런데 놀라운 일이 벌어졌다. 씨앗을 심기가 무섭게 싹이 돋고 줄기가 뻗기 시작하더니 어린아이 머리만한 사과가 주렁주렁 열리는 게 아닌가.

가난한 마을 사람들에게 그 사과나무 씨앗은 너무나 충격적인 사건이었다. 그 소식은 삽시간에 번져나갔고, 사람들은 이제 수피를 죽인 그 사내를 신이 내린 성자라도 되는 양 존경하며 따르기 시작했다.

하지만 그 살인자는 욕심이 많은 사내였다.

'그래, 이 사과를 왕에게 갖다 바치면 틀림없이 큰 벼슬을 내릴 거야……'

그 즉시 사내는 왕을 찾아갔다.

"폐하, 이 과일은 세상에 둘도 없는 훌륭한 사과입니다. 크기도 거대하려니와 한겨울에도 단 며칠 만에 수확할 수 있습니다. 제가 이것을 만들었나이다."

왕을 비롯해 사과를 본 궁내 사람들 모두 깜짝 놀랐다.

하지만 왕은 오래 전에 자신의 곁을 떠나간 수피의 말을 기억해내고는 여태껏 보관해두었던 편지를 개봉해 읽어보았다.

'폐하, 거대한 사과를 키웠다고 자부하는 자는 그 일로 성자 대접을 받는 한이 있더라도 한낱 전과자에 불과합니다. 바로 저를 죽인 살인자니까요.'

개꼬리 10년 묻어두어도 황모가 되지 못한다는 말이 있다.
하물며 만족을 모르고 덤벼드는 불가사리 같은 존재라니! 갈치가 갈치 꼬리를 문다……!

물라 나스루딘

물라 나스루딘이 교통경찰로 근무하고 있을 때였다.
한번은 그가 차선을 위반한 젊은 여자의 차를 세운 뒤 수첩을 꺼내 적기 시작했다.
차에 탄 그녀가 그를 말리며 말했다.
"뭐 그럴 필요까지 있을까요? 난 경찰서장을 알고 있는데."
하지만 나스루딘은 그 말에 전혀 신경 쓰지 않고 계속 적어나갔다.
여자가 다시 입을 열었다.
"내가 이 지역 국회의원과 친분이 두텁다는 사실을 알고 있나요?"
나스루딘은 여전히 무시해버렸다.
여자가 답답하다는 투로 소리쳤다.
"이봐요, 경찰 아저씨. 지금 무슨 짓을 하고 있는 거죠? 난 이 나라 총리와도 안면이 있는 사람이란 말이에요."
그 말에 나스루딘이 멈칫했고, 여자는 '멍청한 경찰이 비로소 자기를 알아보는구나' 하고 적잖이 안심했다.
그런데 한동안 그녀의 얼굴을 빤히 들여다보던 나스루딘은 이렇게 되묻는 것이었다.
"보아하니 아가씬 아는 사람이 무척 많은 것 같은데, 혹시 물라 나스루딘을 알고 있소?"

그녀가 고개를 흔들었다.

"아뇨, 전혀 들어본 적이 없는 걸요."

나스루딘이 잘라 말했다.

"내가 바로 물라 나스루딘이오. 나 나스루딘을 모르고선 아무것도 안 됩니다."

그러고는 계속해서 적어나가는 것이었다.

순진한 인간도 팔뚝에 완장을 채워주면 눈빛이 달라진다.
동사무소 직원은 기다리는 사람을 빤히 앞에 놔두고도 쓸데없이 서류나 만지작거리며
바쁜 척한다. 자기에게도 힘이 있다는 사실을 과시하고 있는 것이다.
한번 권력에 맛들인 사람은 그 판을 떠날 수가 없다. 그 판에서 완전히 망가지기 전까지는!

선천적으로

어느 날 스승은 인간의 신앙심에 대해 설명하면서, 제자들이 어떻게 받아들일지 전혀 고려하지 않은 채 다음과 같이 말했다.

"신앙이 두터운 사람은 선천적으로 잔혹함을 추구하는 경향이 있다."

이에 제자들이 의아한 표정을 지으며 물었다.

"아니, 어째서 그렇습니까?"

"역대로 신앙이 두터운 사람들은 자신의 목적을 달성하기 위해 매우 간단히 사람들을 희생시켜오지 않았느냐!"

"……!"

자기만의 목표를 뚜렷이 세우고 열정적으로 매진하라.
하지만 그 목표를 이루기 위해 다른 사람을 희생시키려 하지는 마라.

선한 용모

어느 날 한 나그네가 성자를 찾아와 말했다.

"선생님이야말로 저의 스승이자 참된 인도자이십니다. 제발 저를 제자로 받아들여주십시오."

성자가 의아한 표정을 지으며 물었다.

"내가 어째서 그대의 스승이요, 인도자라는 거지?"

나그네가 말했다.

"전 오랜 세월 동안 스승을 찾아 헤맸습니다. 하지만 선생님처럼 친절하고 다정하시며 드높은 명성만큼이나 선하신 용모는 아직까지 접해보지 못했습니다."

"그게 사실이라면 그대는 참으로 어리석기 짝이 없구먼!"

"?"

"이보시오, 그대가 들었다는 나의 명망이나 행동 따위는 세상의 사악한 자들도 능히 갖출 수 있는 재주요. 또 세상 사람을 그 선하다는 용모 하나로 판단하려 든다면 악마가 성인으로 대접받고 가장 뛰어난 성인은 인류의 적으로 지탄받는 일이 비일비재할 게 아니겠는가!"

미인과 바보는 형제간이다. 그런데, 아름다운 얼굴은 일곱 가지 결점을 감춘다.
미인은 단지 피부 한 껍질뿐이다. 그런데, 아름다운 얼굴은 재산의 절반이다.
미모는 사람들의 눈을 즐겁게 한다. 그런데, 미모는 경원(敬遠)해야 할 보배다.

판도라의 상자

제우스는 판도라에게 상자 하나를 주면서 절대 열어보지 말라고 경고한 뒤 프로메테우스의 아우인 에피메테우스에게 보냈다.

'먼저 생각하는 사람'인 프로메테우스는 불을 훔친 죄로 끌려가기 전에 동생에게 '제우스가 주는 선물을 받지 말라'고 당부한 적이 있었다. 그러나 '나중에 생각하는 사람'인 에피메테우스는 판도라의 미모에 반해 형의 당부를 저버리고 아내로 맞아들였다.

판도라는 에피메테우스와 평화로운 나날을 보내다가 불현듯 제우스가 준 상자가 떠올랐다.

제우스의 경고가 생각났지만 두려움보다 호기심이 앞서 살짝 열어보고 말았다.

순간 '뻥!' 하는 소리와 함께 상자 안에서 슬픔과 질병, 가난과 전쟁, 증오와 시기 등 온갖 악(惡)의 무리가 쏟아져 나왔다.

그때까지도 사람들은 이와 같은 나쁜 것들을 전혀 모르고 살았는데, 판도라가 상자를 여는 바람에 갖가지 고통에서 영원히 벗어나지 못하는 운명에 놓이고 말았다.

뒤늦게야 판도라는 자신의 실수를 깨닫고 황급히 상자 뚜껑을 닫았다. 그 바람에 상자 안에는 아주 조그만 것이 채 빠져나오지 못하고 남아 있었는데, 바로 '희망'이었다. 인간은 어떤 어려움 속에서도 희망을 간직하며 살게 된 것이다.

'판도라의 상자'는 인류의 불행과 희망의 시작을 나타내는 상징으로 유명하다.

살아 있는 한 희망은 있다.
희망은 만사가 용이하다고 가르치고, 실망은 만사가 곤란하다고 가르친다.

수피가 된 왕

왕자 바하우딘은 정력적이고 힘 있는 행정으로 나라를 통치하는 인물이었다. 그러나 그는 백성들의 생활이나 민심에는 별다른 관심을 갖지 않았다.

그러던 어느 날 궁궐 밖으로 나간 왕자는 하릴없이 이리저리 무리 지어 다니는 거지들을 보고 깜짝 놀랐다. 그래서 거지와 부랑자들에 대해 무슨 수를 써야겠다고 마음먹은 왕자는 궁궐로 돌아온 즉시 이렇게 명령했다.

"모든 거지와 부랑자를 한 달 뒤 궁궐에 집합시켜 재판을 받도록 하라."

왕자의 지시가 떨어지고 얼마 지나지 않아서였다. 궁궐 안에 머물고 있던 어느 수피가 왕자에게 궁궐 밖으로 나갈 수 있게 해달라고 간청했고, 곧 허락을 받아 여행을 떠났다.

왕자가 지시한 한 달이 되자 수많은 거지와 부랑자들이 궁궐 앞마당으로 끌려와 재판을 기다리고 있었다.

그 무리를 보자 왕자는 다시 한 번 화가 끓어올랐다. 그래서 이렇게 소리쳤다.

"너희는 지금 그 더러운 몰골로 이 나라 궁궐을 더럽히는 큰 죄를 저질렀다. 그러니 내 너희에게 악행을 저지른 자와 똑같은 매를 내리리라!"

놀란 부랑자들이 두려움에 떨며 웅성거리고 있는데, 그들 가운데 누더기 차림의 한 부랑자가 일어나 왕자에게 말했다. 그는 한 달 전에 궁을 떠난 바로 그 수피였다.

"오, 위대한 왕자여! 비록 행색은 보잘것없다 하나 이들 역시 당신의 백성입니다. 그런데 입고 있는 옷 때문에 부랑자로 취급되어 매를 맞다니요! 이는 몹시 잘못된 일입니다."

"뭐라고? 대체 그게 무슨 소리냐?"

"그러면 백성들도 그것을 배워, 당신 같은 지배자들을 똑같이 내면에 간직하고 있는 가치가 아니라 걸치고 있는 옷만으로 판단하게 되지 않겠습니까! 그렇게 되면 장차 어떻게 이 나라를 다스리겠습니까!"

수피의 말에 바하우딘 왕자는 심한 부끄러움을 느꼈다.

그로부터 얼마 지나지 않아 그는 자신의 왕좌마저 버리고 수피의 길로 들어섰다고 한다.

화려한 의상과 장신구로 육신을 가리고 있는 그대는 어떤 내면의 의상을 걸치고 있는가.

만족

시니어스가 하루는 로마 정벌을 눈앞에 두고 있는 피루스 왕을 찾아가 물어보았다.

"로마를 정복하고 나면 그 다음엔 무엇을 할 작정인가?"

피루스가 대답했다.

"그 다음에는 시실리를 정복할 걸세. 그거야말로 식은 죽 먹기지."

"그렇겠군. 그럼 시실리를 정복한 다음에는?"

"그 다음에는 아프리카로 쳐들어가 카르타고를 무너뜨리는 거지."

"카르타고라…… 그 다음엔?"

"아마 그리스가 될 걸세."

대답을 듣고 난 시니어스가 이번에는 어투를 조금 바꿔 질문했다.

"그렇다면 내 한 가지 물어보겠는데, 자넨 그 모든 정복의 최종 결과가 무엇이라고 생각하는가?"

"그거야 그 다음에 가만히 앉아 인생을 즐기는 거지."

대답을 듣고 난 시니어스가 또다시 물었다.

"그럼 우린 지금 당장 그 인생이라는 것을 즐길 수 없단 말인가?"

가난한 사람들은 자신이 부자가 되면 행복해질 것이라고 생각하고,
부자들은 자신의 궤양이 없어지면 행복해질 것이라고 믿는다.
그렇다면 행복이란 부와 영생의 다른 이름이란 말인가?

도둑과 부자

　노자가 한때 재판관에 임명된 적이 있었다.
　그가 첫 재판을 하게 되었는데, 법정에 끌려나온 피고는 그 나라에서 제일 큰 부자의 저택을 턴 도둑이었다. 도둑은 범행 현장에서 붙잡혔고 법정에서도 자신의 범죄 사실을 순순히 털어놓았다.
　그런데 이상한 것은 노자의 판결이었다.
　"피고와 원고에게 각각 징역 1년을 선고하노라."
　뜻밖의 판결에 놀란 법정 안이 술렁였고, 도둑에게 털린 부자는 가만히 있을 리 없었다.
　'나는 피해자다. 그런데 어떻게 도둑놈과 똑같은 처벌을 받아야 하느냐'면서 거칠게 항의했다.
　그러나 노자의 태도는 조금도 변함없었다.
　"사실 원고는 피고보다 더 무거운 형벌을 받아야 마땅하다. 그대에게 징역 1년을 선고한 것도 많이 봐준 것이다."
　"그게 무슨 개뼈다귀 같은 소리요?"
　이윽고 노자가 그 이유를 설명하기 시작했다.
　"그대는 이 나라 최고의 부자로 지금껏 엄청난 재산을 긁어모았다. 그런데 그대의 금고 안에 가득 쌓인 그 돈이 대체 어디서 생겼다고 생각하는가? 하늘에서 떨어졌는가, 아니면 땅에서 솟구쳤는가?"
　"?"

"여기 있는 이 피고를 보라. 이자를 가난으로 내몰고, 급기야 도둑으로 내몬 것이 바로 그대 같은 부자들이다. 그대들에게 책임이 있다. 그대 금고에 가득 쌓여 있는 그 돈이야말로 가난한 사람들의 몫이며 그들로부터 착취한 것이다. 그 엄청난 돈에서 약간의 돈을 훔쳐냈다고 하여 1년형을 받는데, 그대 같은 사람에게 1년을 구형하는 게 뭐 그리 억울한가. 그대 같은 자가 점점 부자가 될수록 더 많은 백성들이 가난해지는데, 그대의 죄가 수천 배 더 크지 않은가."

그러나 호락호락 물러설 부자가 아니었다. 그가 목에 핏대를 세우며 소리쳤다.

"당신 같은 인간한테 재판을 받을 순 없소. 지금 당장 폐하를 뵙게 해주시오."

자신의 일로 황제를 오라 가라 할 정도였으니, 그 부자는 실로 위세가 등등한 인물이었다.

이윽고 황제가 불려나왔고, 부자는 황제에게 거의 협박조로 말했다.

"이 노자라는 자는 지금 저는 물론이고 폐하께도 혐의를 두고 있사옵니다. 그런데 저만 당할 수야 없는 노릇입니다. 폐하께서도 저처럼 감옥에 갇히는 신세가 될 것입니다. 사실 폐하께서 갖고 있는 그 엄청난 재산이 누구한테서 나온 것입니까? 저 같은 부자들한테서 나온 것이지 않습니까! 노자의 말에 의하면 폐하야말로 당장 사형에 처해져야 할 죄인입지요!"

부자의 논리는 정확했으며, 황제 역시 이해력이 빨랐다.

황제는 자신이 죄인임을 스스로 시인할 마음이 추호도 없었다. 그래서 가장 빠르고 효과적인 방법을 찾기에 이르렀다.

그 즉시 노자를 해임시켜버리는……!

노자의 미완의 혁명.
그렇다! 세상에 가난한 사람들이 이렇게 많은 진짜 이유는
소수의 지나치게 부유한 자들 때문이다. 그들이야말로 일급 범죄자이다!

불에 대한 망각

　오랫동안 불을 만드는 기술에 대해 연구하던 발명가가 마침내 성과를 거두게 되었다.
　목적을 이룬 그는 사람들에게 불을 만드는 기술을 전파하기로 했다. 그래서 불을 만드는 연장을 챙겨들고 북쪽의 어느 눈 덮인 마을을 찾아가 주민들에게 그 기술을 가르쳐주었다.
　불을 처음 본 마을 사람들은 그 신기함에 정신을 빼앗겨버렸다. 그래서 발명가가 그곳을 떠나갈 때까지 감사하다는 말 한마디 건네는 것조차 잊어버리고 말았다.
　하지만 발명가는 서운하게 여기지 않았다. 자신의 발명으로 누군가가 큰 도움을 받게 된다면 그것으로 족할 뿐 자신이 사람들로부터 추앙받고 기억되기를 원치는 않았던 것이다.
　발명가가 두 번째 마을을 찾아갔다. 첫 번째 마을 사람들처럼 그 마을 사람들도 불을 만드는 기술을 배우고자 열망했다.
　그런데 마을 사람들의 관심이 온통 발명가에게 쏠리자 그를 시기하는 눈초리로 바라보는 이들이 있었다. 그들은 바로 마을 사제들로, 발명가를 극도로 시기한 나머지 마침내 음모를 꾸며 발명가를 암살하고 말았다.
　그러고 나서 사제들은 마을 사람들의 의심을 사지 않기 위해 그 위대한 발명가의 초상을 제단 위에 모셔놓고 그를 추도하고 공경하기 위한 의식을 만들어냈다. 발명가를 위한 절대적이고 철저한 의식이 치러졌고, 그가 갖고 있던 불을 만드는 연장은 상자 안에 고이 간직되어 성물이 되었다. 그리고 누구든 믿음을 가지고 그 상자에 손을 얹으면 소원을 이룰 수 있다고 역설했다.

발명가에 대한 찬미는 거기서 그치지 않았다.

대사제는 손수 그 발명가의 생애를 전기로 편찬했는데, 그 책은 사람들이 본받고 따를 수 있는 경전으로 추앙되었다. 경전에 묘사된 발명가의 행동과 삶은 모든 이들의 규범이 되어 찬송되었으며, 그의 초능력은 절대 신앙의 모체가 되었다.

그들은 그 책을 대대손손 후대에 물려주었고, 더러는 그 발명가의 죽음과 삶에 대한 독특한 해석을 내놓기도 했다. 게다가 그런 자신들의 교리를 따르지 않는 사람들이 나타나면 가차 없이 사형에 처하거나 중벌을 내리곤 했다.

마침내 그들은 그런 종교적인 것에 완전히 마음을 빼앗기게 되었다. 불을 어떻게 만드는지 따위는 이제 관심조차 없었다.

인류는 똑같이 신을 숭배하면서도 서로 자신들의 신, 자신들이 꾸민 신전과 구조물을 경쟁적으로 불려나가는 데 사로잡혀 최초 신의 존재 따위는 아랑곳하지 않는다.

개

　스승이 한 제자를 거느리고 호젓이 길을 가고 있는데, 느닷없이 사나운 개 한 마리가 나타나 으르렁거리기 시작했다.
　제자가 스승의 앞을 가로막으며 그 개를 향해 눈을 부라렸다.
　"이놈이 감히 스승님께 이런 무례를 범하다니!"
　그런데 스승은 제자를 향해 차분한 목소리로 타이르는 것이었다.
　"저 녀석이 자네보다 건실하군."
　"?"
　"녀석은 제 성질이나 습관 그대로 어느 누구 가릴 것 없이 똑같이 짖어대니까 말일세. 안 그런가?"

개에게는 개의 본질이 있듯, 인간에게도 인간의 본질이 있다.
신을 숭배하는 종교적 행위란 바로 그 본질을 추구하는 한 방편이다.
우리가 누구이고 어디서 왔는지를 알아야 돌아가지 않겠는가.

신문의 효능

제2차 세계대전을 앞둔 어느 날, 나치의 돌격부대 장교가 유대인과 나란히 기차를 타고 있었다.

장교가 나치의 기관지를 펼쳐보며 득의양양한 표정으로 말했다.

"난 이 신문이 무척 마음에 들어. 꼭 필요한 정보를 제공하기 때문에 하루도 빼먹지 않고 읽고 있지."

장교가 이번에는 유대계가 발행하는 경제지를 펼쳐들고 말했다.

"이 신문도 영 쓸모가 없는 건 아냐. 밑을 닦는 데 안성맞춤이거든."

그 말에 옆자리에 앉아 있던 유대인이 매우 유쾌한 표정으로 말했다.

"장교님, 그렇다면 틀림없이 당신의 엉덩이가 당신의 머리보다 현명해지겠군요."

참아라, 비방은 오래가지 못한다.
확실한 근거가 없다면 아무것도 말하지 마라.
숨기는 것이 더 큰 재앙을 불러오지 않는 한 발설하지 마라.
그대의 사소한 말 한마디에는 칼이 들어 있고, 튀는 침 속에는 돌이 들어 있다.

반공산주의자

프랑스의 수도 파리에서 좌파의 거두(巨頭) 중 한 명이 기소되어 법정에 섰다.

재판이 열리기로 예정된 날, 법원 앞에는 수많은 지지자들이 몰려들어 그의 석방을 요구하며 시위를 벌였다. 사방에서 구경꾼들도 몰려들었고 순식간에 일대 교통이 마비되고 말았다.

이런 지경이 되자 치안 유지를 위해 경찰이 투입되었는데, 그중 한 경찰관이 구경꾼들을 쿡쿡 찔렀다.

그때 한 구경꾼이 인상을 찌푸리며 항의했다.

"그렇게 찌르지 마시오! 난 반공산주의자란 말이오!"

그러자 경찰관이 그를 노려보며 이렇게 윽박질렀다.

"잔소리 말고 썩 저쪽으로 비키라고! 난 당신이 어떤 종류의 공산주의자인지 따위에는 관심 없으니까!"

세월이 흘러도 전혀 변하지 않는 것이,
공산주의자는 공산주의자이고 반공주의자 역시 필요에 따라 공산주의자가 된다는 점이다.

라마의 변신

어느 임금이 코끼리 한 마리를 키우고 있었는데, 성질이 어찌나 포악하던지 이 마을, 저 마을을 휘젓고 다니며 발길에 차이는 건 무엇이든 마구 부숴버리는 것이었다. 하지만 누구도 왕의 코끼리를 죽일 엄두를 못 내고 있었다.

때마침 인근 마을에서는 젊은 수도자가 다른 곳으로 떠나려 하는 참이었는데, 마을 사람들이 몰려와 그를 말렸다. 지금 왕의 코끼리가 노상에 나타나 행패를 부리고 있어 위험하니 나중에 떠나라면서.

하지만 스승으로부터, 모든 사물에 내재하는 라마*에 대한 공부를 마치고 돌아가는 길이었던 그 수도자는 그것이 자신의 높은 지혜를 드러내 보일 절호의 기회라고 여기게 되었다.

그가 마을 사람들 앞에 나서며 사자후를 토했다.

"어리석은 백성들아! 그대들은 모든 인간과 사물 안에 현존하는 라마에 대해 들어보지도 못했단 말이냐? 라마의 실체를 볼 줄 아는 사람은 그분의 보호를 받는다는 사실을 말이다. 내겐 아무런 두려움이 없다. 떠나겠다!"

그 말을 들은 사람들은 수도자 역시 미친 코끼리만큼이나 병적이라고 생각했다. 그런 사람과 논쟁을 벌인다는 것 자체가 불가능함을 알고 더 이상 그를 붙잡지 않았다.

마을 사람들의 우려는 곧 현실로 나타났다. 수도자가 큰길로 나서기가 무섭게 성난 코끼리가 그를 번쩍 쳐들어 내팽개쳐버린 것이다.

수도자는 고통을 이기지 못해 신음소리를 흘렸다. 코끼리가 한 번 더 공격해오면 몸이 산산조각이 나버릴 것 같았다. 그런데 코끼리가 또다시 공격해오려는 찰나, 때마침 나타난 왕의 병사들이 코끼리를 진정시킨 덕분에 간신히 위기를 모면할 수 있었다.
　수도자는 크게 부상한 몸을 이끌고 곧장 자신의 스승에게 돌아갔다. 그러고는 이렇게 따졌다.
　"스승님의 가르침은 모두 거짓에 불과했습니다."
　"그게 무슨 소리냐?"
　"스승님은 제게, 인간을 포함한 모든 사물에 내재하는 라마에 관해 말씀하셨습니다. 모든 것이 라마의 변신이라고요. 그런데, 저를 보십시오. 이게 대체 어떻게 된 일입니까?"
　제자의 항변에 스승이 혀를 차면서 힐책했다.
　"이 멍청아, 넌 어째서 너를 만류하는 마을 사람들에게 내재해 있는 그 라마의 변신을 보지 못했단 말이냐!"

모든 사물에 내재하는 라마를 혼돈 없이, 분별력 있게,
똑바로 직시하는 것만이 수행자의 몫일 것이다.

*라마(Rama) : 힌두 신화에 나오는 비슈누 신의 화신.

4
편견에 대하여

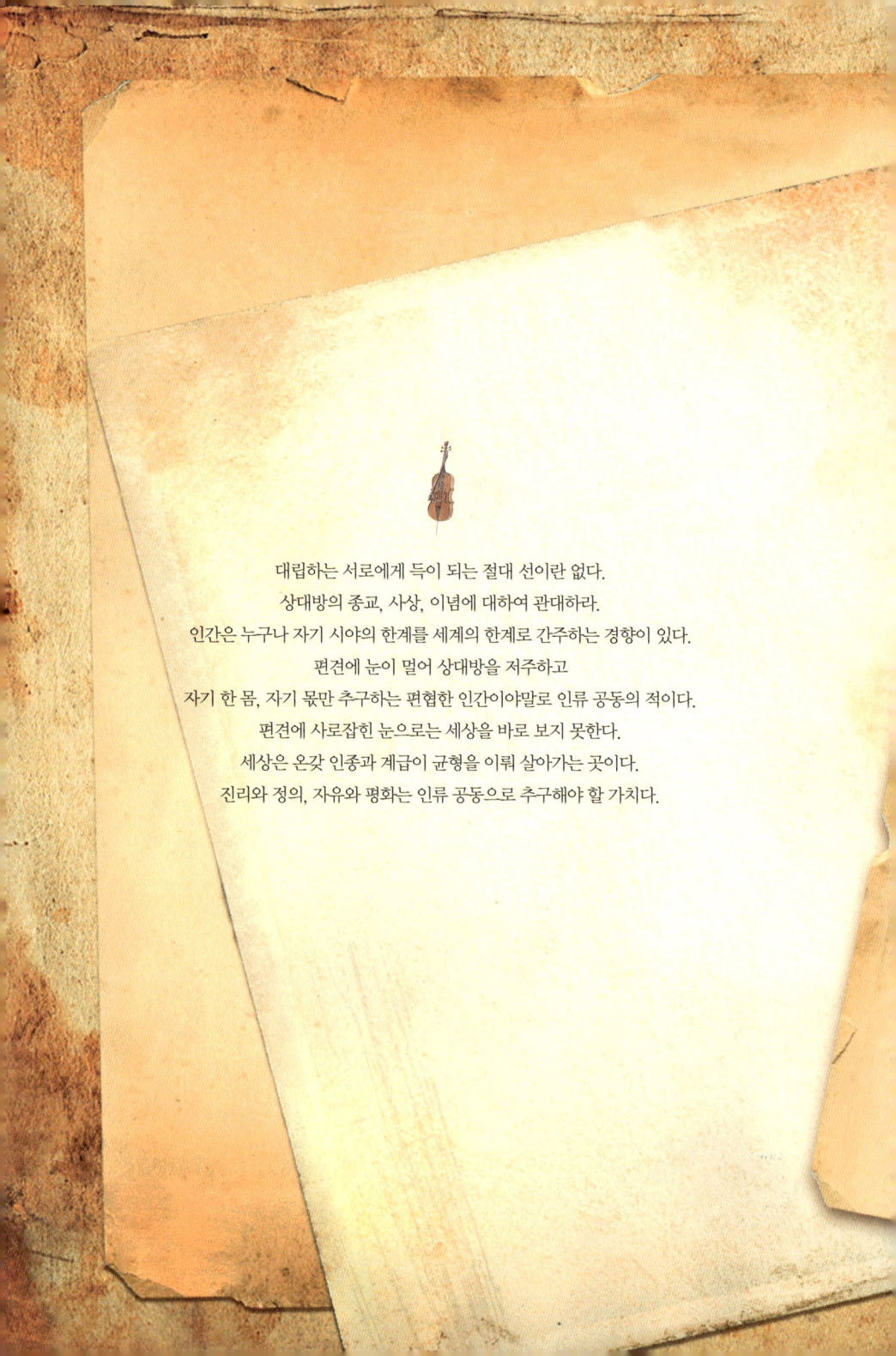

대립하는 서로에게 득이 되는 절대 선이란 없다.
상대방의 종교, 사상, 이념에 대하여 관대하라.
인간은 누구나 자기 시야의 한계를 세계의 한계로 간주하는 경향이 있다.
편견에 눈이 멀어 상대방을 저주하고
자기 한 몸, 자기 몫만 추구하는 편협한 인간이야말로 인류 공동의 적이다.
편견에 사로잡힌 눈으로는 세상을 바로 보지 못한다.
세상은 온갖 인종과 계급이 균형을 이뤄 살아가는 곳이다.
진리와 정의, 자유와 평화는 인류 공동으로 추구해야 할 가치다.

우산

　독일의 한 농부가 오랜만에 쇼핑을 나가서는, 유대인들이 운영하는 상점 몇 군데와 협동조합 매점을 돌아다니며 이런저런 물건을 산 다음 집으로 돌아왔다.
　그런데 그가 아내에게 이런 얘기를 하는 것이었다.
　"유대인놈들은 모두 거짓말쟁이에다 도둑놈들이야!"
　"아니, 뜬금없이 그게 무슨 소리예요?"
　농부가 격분에 찬 어조로 말했다.
　"오늘 쇼핑을 하려고 여러 가게를 들렀지. 그런데 나중에 보니까 내가 들고 간 우산이 없는 거야. 어딘가에 깜빡하고 놓고 온 거지. 그래서 먼저 내가 들렀던 유대인 가게들을 차례대로 들러봤어. 혹시 손님이 놓고 간 우산 없느냐고 하면서 말이야. 그런데 이 흉악한 놈들이 딱 잡아떼면서 하나같이 우산을 못 봤다는 거야!"
　"그래서요?"
　"그래서 마지막으로 혹시나 하고 협동조합 매점으로 가보았지. 아, 그랬더니 문을 밀치고 들어서기가 무섭게 '손님, 우산 놓고 가셨죠?' 하면서 우산을 꺼내주잖아! 같은 인간이면서도 유대인과 우리 조합 사람들은 어떻게 이렇게 다를 수가 있는 거지?"

어리석은 자의 분명한 증거는 자기 생각을 고집하여 흥분하는 것이다.
이렇게 흥분한 자들은 남을 저주하여 쏘아올린 화살이 자기 눈알에 박히는 상황도 깨닫지 못한다.

상대성 이론

아인슈타인이 상대성 이론을 발표하여 세상을 떠들썩하게 하고 난 다음이었다.

하루는 유대인 남자 코온이 친구 모세즈에게 물었다.

"아인슈타인이 일본에서도 강연 초청을 받았다고 하는데, 대체 그 상대성 이론이라는 게 뭔데 그렇게나 대단하지?"

모세즈가 말했다.

"대단한 건 사실이지만, 매우 간단한 이론이야. 예컨대 하나의 현상이 관련성 여하에 따라 전혀 다른 뜻을 갖게 된다는 거지."

"좀 어려운데?"

"예를 하나 들지. 만일 자네가 파자마 차림으로 뜨거운 난로 앞에 앉아 있다면 그 1분이 한 시간쯤 생각될 정도로 지루하게 느껴지겠지. 하지만 자네 무릎 위에 가운 차림의 여성이 앉아 있다면 한 시간이 1분 정도로 빠르게 느껴진다는 거야."

"음, 그런 거로군. 이제야 알겠어."

코온이 고개를 끄덕였다.

그날 저녁 집으로 돌아온 코온은 아내로부터 자신이 낮에 친구에게 했던 것과 똑같은 질문을 받았다. 바로 그 상대성 이론에 관해서.

그는 잠시 생각한 끝에 그 이론을 이렇게 설명해주었다.

"만일 당신의 머리에 머리카락이 하나밖에 남지 않았다면 그건 너무 적은 거야. 하지만 당신이 만든 수프 속에 머리카락 하나가 들어갔다면 그건 너무한 것이 되지."

그의 설명에 아내가 감탄했다.

"오, 그런 것이었군요!"

아인슈타인은 자신이 발견한 상대성 이론을 이렇게 설명했다.
"만일 나의 이론이 옳다고 인정되면 독일인들은 나를 독일인이라고 말할 것이고,
프랑스인들은 나를 코즈모폴리턴(세계주의자)이라고 말할 것이다.
그와 반대로 나의 이론이 세상에서 인정받지 못한다면 프랑스인들은
나를 독일인이라고 말할 것이고, 독일인들은 나를 유대인이라고 말할 것이다."

머저리들

밤늦은 시각, 한 유대인 여자가 호텔을 구하지 못해 애를 태우고 있었다. 그 지역은 유대인에게 매우 배타적인 곳이었기 때문이다.

이곳저곳을 기웃거리던 그녀가 겨우 용기를 내어 한 호텔의 데스크로 다가갔다.

"저…… 방이 필요한데요."

그녀의 위아래를 훑어본 직원이 말했다.

"죄송합니다만 손님, 방이 다 찼습니다."

"그럼 밖에 내걸린 '빈 방' 표시는 뭐죠?"

"그건 저…… 사실 우리 호텔에서는 규정상 유대인을 받지 않습니다."

여자가 물러서지 않고 맞섰다.

"참 말도 안 되는 규정이로군요. 당신네가 섬기는 예수도 유대인이 아니었던가요?"

여자가 그렇게 나오자 종업원도 질 수 없다는 태도로 말을 되받았다.

"아니, 예수님이 유대인이었다는 사실을 당신이 어떻게 압니까?"

여자가 설명했다.

"그가 자기 아버지의 가업을 이어받았으니까요. 게다가 난 유대인이지만 개종을 하여 가톨릭 신자가 된 사람이에요. 무엇이든 한번 물어보세요. 내가 교인이라는 사실을 증명해 보일 테니까요."

"좋습니다. 그럼 예수님은 어떻게 탄생하셨습니까?"

"그야 물론 처녀 수태에 의해서죠. 어머니는 마리아였고 아버지는 성령이었어요."
"맞습니다. 그러면 예수님은 어디에서 태어났습니까?"
"마구간에서요."
"그런데 왜 하필 마구간에서 태어난 것일까요?"
그러자 여자는 빈정대는 투로 이렇게 내뱉었다.
"그야 당신 같은 머저리들이 유대인 여자에게는 방을 빌려주지 않았으니까요!"

'처녀가 애를 배도 할 말은 있다'는 속담이
혹시 마리아가 예수를 낳은 뒤부터 생겨난 말이 아닐까?

큰 나무, 작은 나무

한 나그네가 현자를 찾아가 말했다.
"나는 신에게 불만이 많습니다."
"무슨 까닭에 그러시오?"
현자의 물음에 나그네가 말했다.
"신은 누구에게나 공평하지 않기 때문이오. 보시오! 당신은 이렇게 현명한데 나는 왜 이렇게 하는 일마다 어리석고 보잘것없습니까? 똑같은 사람인데도 만인의 존경을 받는 당신과 달리 나는 왜 이렇게 형편없냐 이 말입니다."

얘기를 다 듣고 난 현자가 조용히 나그네를 데리고 집 앞 정원으로 나갔다.

마침 그 정원에는 나무 두 그루가 서 있었는데, 한 그루는 키도 크고 나뭇잎도 많았다. 반면 다른 한 그루는 키가 작고 나뭇잎도 형편없이 적었다.

현자가 말했다.
"보시오. 이 나무는 작고 저 나무는 월등히 키가 크오. 그렇지만 잘 보시오. 두 나무 사이에 무슨 문제가 있어 보이오?"
"?"
"큰 나무는 작은 나무에게 자신이 위대하다고 뽐낸 적이 없고, 작은 나무 역시 괜히 시비를 거는 경우가 없소. 자기 키가 작다고 열등감을 느끼며 괜한 시비를 걸어오지 않는단 말이오."

큰 나무는 하늘을 우러르고 작은 나무는 땅을 굽어본다.
큰 나무는 하늘에 가깝고 작은 나무는 땅에 가깝다.
큰 나무는 먼 곳을 향해 꿈을 꾸지만 작은 나무는 자신이 발 딛고 서 있는 땅에 충실해 있다.

철학자의 능력

뛰어난 철학자가 있었다.

어느 날 그는 수많은 군중이 운집한 가운데 한 가지 시범을 보였다. 지극히 평범한 돌로 모종의 논증을 행함으로써 사람들이 그 돌을 값비싼 보석으로 믿게 한 것이다.

평범한 돌을 보석으로 만드는 그의 비범한 재주 앞에서 사람들은 환호성을 내질렀다.

그런데 군중 속에서 그 광경을 지켜보고 난 스승은 제자에게 이렇게 말했다.

"철학자가 돌을 보석으로 바꾸는 건 정말 대단한 능력이다. 그런데 더욱 놀라운 사실은 따로 있다."

"더욱 놀라운 사실이라뇨?"

"매 순간마다 철학자의 돌인 사람들이 그 자신의 부주의로 인해 아무 짝에도 쓸모없는 구리덩어리로 변하고 있다는 사실 말이다!"

철학의 본질은 진리를 소유하는 것이 아니라 진리를 탐구하는 것이다.
철학이란 도중에 있는 것을 의미한다.
철학에서 질문은 대답보다도 중요하며, 모든 대답은 질문으로 환원된다.

대충 이해하다

수피 나즈라니가 말했다.
"너희는 툭하면 '대충 이해한다' 는 말을 남발하는데, 그것은 매우 어리석은 짓이다."
그 말에 평소 그런 표현을 즐겨 쓰는 제자가 말했다.
"스승님, 이해하기 쉽게 실례를 들어주시지요."
"그러냐?"
제자의 얼굴을 빤히 한 번 쳐다보고 난 나즈라니가 다음 말을 덧붙였다.
"'대충 이해한다' 고 말하는 것은, 사과가 아닌 다른 과일을 손에 받고도 '대충 사과와 같다' 라고 말하는 것과 똑같은 것이다. 알겠느냐?"
"……."

단 한 가지라도 그것의 본질을 집요하게 캐들어가 완전한 내 것으로 소화시켜라.
그것만이 미망을 걷어낼 수 있는 가장 확실한 방법이다.
그리고 제대로 배웠더라도 제대로 행동하지 않으면 아무런 소용이 없다.

개와 주인

천덕꾸러기 개 한 마리가 있었다.
그 개의 주인은 성깔이 사나운 사람으로, 수시로 개에게 '이 더러운 개새끼!'라는 욕설을 퍼부었는데, 그럴 때마다 개는 정말 죽고 싶은 심정이었다.
그러던 어느 날 개가 성자의 집을 찾아갔다. 성자에게 자기 내면의 더러움을 씻어달라고 부탁하기 위해서였다.
하지만 그 성자는 멀리 여행을 떠나서 만날 수가 없었다. 대신 개는 성자의 정원에 있는 맑고 깨끗한 연못으로 풍덩 뛰어들어 온몸을 흠뻑 적셨다.
이윽고 개는 물방울이 뚝뚝 떨어지는 몸으로 곧장 자기 주인에게 달려갔다. 그러고는 반갑게 꼬리를 흔들며 말했다.
"저 좀 봐주세요. 제 털이 싹 달라졌어요! 먼지로 더럽고 말라비틀어져 있던 것이 이렇게 촉촉이 젖어서 아주 부드러워졌다고요. 이젠 저도 더러운 개새끼가 아니죠?"
그러나 개를 대하는 주인의 태도는 이전보다 훨씬 더 험상궂게 변해 있었다.

"이놈의 개새끼가 정말!"

그럴 수밖에! 개가 젖은 몸을 들이밀며 꼬리를 흔드는 바람에 주인이 그 물방울을 고스란히 뒤집어쓰고 만 것이다.

내면은 성숙되지 않은 채 겉만 번지르르한 에티켓은
사람들에게 기쁨은커녕 환멸만 불러일으킨다.

완치된 환자

의사가 어느 환자를 진찰해보았지만 도무지 병명을 알아낼 수가 없었다.

책을 뒤지고 연구를 하여 그 환자의 치료법을 알아내려 안간힘을 썼지만, 결국 자신의 능력 부족만 확인한 채 포기하고 말았다.

"내가 보기에 당신은 나을 희망이 없습니다. 치료 방법이 없습니다."

의사의 힘없는 말에 환자는 절망적인 표정으로 병원을 떠났다.

그런데 몇 달 뒤 의사는 전혀 뜻밖의 상황을 목격하게 되었다. 분명 죽었을 거라고 여겼던 그 환자가 아픈 기색 없이 활기차게 행동하고 있는 게 아닌가.

놀란 의사가 그에게 다가가 물어보았다.

"살아 있다니, 정말 기적이로군요. 난 전혀 회생 불능이라고 생각했는데, 대체 어떻게 했기에 병이 나은 것이오?"

그러자 남자는 이렇게 말했다.

"곧 죽는다는 당신의 말을 듣고 난 모든 것을 포기한 채 그저 여생을 즐기려고 마음먹었소. 그래서 평소 내가 가장 먹고 싶었던 감자 팬케이크를 미친 듯이 먹어치웠소. 한 서른 개쯤 먹어치웠을까…… 갑자기 난 격렬한 에너지의 파동을 느꼈고, 그 뒤로는 아프지 않게 되었다오."

가장 큰 평화와 기쁨은 자기가 좋아하는 것에 미친 듯이 몰두하는 것이다.
그런 사람들에게 병이나 평판 따위는 장애가 되지 못한다.

중요한 것

사막을 여행하던 나그네가 오아시스 근처에서 쉬고 있는 낙타에게 물었다.

"낙타야, 넌 오르막길과 내리막길 중 어느 쪽이 더 좋냐?"

그러자 낙타가 심드렁한 표정을 지으며 대꾸했다.

"오르막이냐 내리막이냐가 중요한 건 아니죠."

"그럼?"

"문제는 짐입니다."

현실세계는 인정하고 싶지 않은 것이 대부분이다. 그곳은 거칠고 미끄럽다.
가장 맑은 눈과 이성으로 적응하지 않으면 넘어져 박살이 나버린다.

결정적인 순간

안토니는 흔하디흔한 물을 값비싼 휘발유로 만들기 위해 10년 가까이 연구해온 과학자였다.

밤낮으로 연구에 몰두한 그는 점차 확신하게 되었고, 마침내 물을 휘발유로 바꾸려면 단 한 가지 물질만 추가하면 된다는 결론에 이르렀다. 그런데 어찌된 일인지 아무리 머리를 쥐어짜도 그 마지막 공식이 떠오르지 않았다.

그러던 어느 날 안토니는 귀가 솔깃해지는 소문을 접하게 되었다. 그것은 티베트의 고원에 산다는, 세상의 모든 이치를 꿰뚫어보는 신통력을 지닌 라마에 관한 이야기였다. 안토니는 그 라마야말로 자신이 모르는 공식을 알고 있을 것이라고 생각하고, 그 라마를 찾아가기로 마음먹었다.

그런데 그 라마를 찾아가려면 먼저 세 가지 조건에 따라야 했다. 그 중 하나는 혼자 여행해야 한다는 것이었고, 걸어서 가야 한다는 것, 그리고 라마를 만나더라도 단 한 가지 질문만 할 수 있다는 것이었다.

곧 힘들고 어려운 여정이 시작되었다. 수개월에 걸쳐 위험과 고생이 뒤따랐지만 과학자는 휘발유를 발명해내겠다는 일념으로 온갖 고난을 이겨나갔다. 그리하여 가까스로 두 가지 조건에 따랐고, 마침내 그 신비한 라마 앞으로 불려나가게 되었다.

그런데 라마를 직접 대면하는 순간 안토니는 엄청난 충격에 사로잡히고 말았다. 그 라마는 자신이 상상했던, 수염이 덥수룩하고 깡마른 체구에 늙어빠진 노인네가 아니었다. 아니, 늙기는커녕 꿈속에서도 만나기 힘들 만큼 아름답고 지옥까지라도 따라가고 싶을 정도로 사랑스러운 여인이었다.

안토니를 마주한 그녀는 더할 나위 없이 부드러운 미소를 지으며 천천히 입술을 열었는데, 그 목소리도 천상에서 들려오는 것 같았다.

"먼 길을 오시느라 고생하셨습니다. 자, 이제 당신이 궁금해하는 문제를 말씀해보세요."

마침내 기회가 왔고, 안토니는 이제 물을 휘발유로 만들 수 있는 마지막 공식을 물어봐야 하는 순간이었다.

그런데 여인의 모습에 홀딱 반해버린 안토니의 입에서는 자신의 귀조차 의심할 정도로 엉뚱한 말이 튀어나왔다.

"라마여, 혹 당신이 결혼을 했는지 아닌지 물어봐도 되겠습니까?"

그대는 스스로 뛰어난 지혜와 용기를 지녔다고 자부하겠지만
결정적인 순간 자신도 모르게 튀어나오는, 그대 몸에 밴 그 즉자적인 반응은 어찌할 것인가.

이미지

성악 레슨을 받으러 다니는 부인이 있었는데, 그녀의 목소리는 흡사 돼지 멱따는 소리 같았다. 때문에 이웃에 사는 남자는 그 부인이 연습을 할 때마다 고역을 치렀다.

그날도 부인은 이웃사람들을 전혀 신경 쓰지 않고 꽥꽥거리며 연습을 했다. 그녀의 목소리라면 이미 노이로제에 걸리다시피 한 이웃집 남자는 미칠 지경이었다.

남자는 참다 참다 더 이상 견디지 못하고 결국 용기를 내어 그 부인의 집 대문을 두드렸다.

"부인, 제발 노래 연습을 멈춰주십시오. 그러지 않으면 제가 미쳐버릴 것만 같습니다."

그 말에 부인은 두 눈을 동그랗게 뜨며 되물었다.

"무슨 소릴 하는 거예요? 노래 연습은 두 시간 전에 끝났는데……."

그러자 남자는 잠시 멍한 표정을 짓더니 이렇게 말했다.

"오, 미안합니다, 부인. 제가 지금 얘기하고 있는 상대는 당신이 아니라 제 마음속에 들어 있는 당신의 이미지였습니다."

어떤 이미지의 포로가 되어버린 마음을 바꾸기란 쉽지 않다.
자신이 굳게 믿고 있는 것, 자신의 시야 한계를 세계의 한계로 간주하려 들기 때문이다.

멈추는 순간

어느 왕이 꿈속에서 죽음의 사신을 만났다.

죽음의 사신은 왕에게 은밀하게 속삭였다.

"나는 당신에게 전례 없는 정보를 가지고 왔소. 당신은 내일 날이 어두워지면 죽을 것이오. 죽음은 원래 예고 없이 찾아오지만, 특별히 당신에게만 알려주는 것이오."

잠에서 깨어난 왕은 급히 신하들을 불러모았다. 그리고는 꿈속의 이야기를 해주며 대책을 마련하라고 지시했다. 하지만 서로 논쟁만 벌일 뿐 뾰족한 대책을 내놓지 못했다. 그때 늙은 신하가 말했다.

"멀리 성 밖으로 떠나십시오!"

그 말에 왕도 동의했다. 왕은 곧바로 훌륭한 말을 구해 성을 빠져나간 뒤 하루종일 내달렸다. 그 덕분에 성에서 꽤 벗어날 수 있었다. 그리고 어느덧 해가 기울고 있었다. 왕은 어느 정도 마음을 놓고 하룻밤을 보낼 만한 곳을 찾았다.

말에서 내린 왕이 말의 등을 토닥여주며 말했다.

"너는 나의 가장 소중한 친구로다. 네가 이렇게 빨리 달릴 줄 미처 생각지 못했다. 장하다!"

왕이 흡족한 미소를 짓고 있을 때 해가 완전히 넘어갔다. 그때 누군가가 어깨를 짚는 느낌이 들었다. 뒤를 돌아보니, 꿈속에서 본 그 검은 그림자가 서 있었다.

"……!"

죽음의 사신이 말했다.

"나 역시 당신의 말에게 감사해야겠군. 당신은 정말 세상에서 가장 훌륭한 말을 가졌소. 사실 난 무척 걱정했거든. 당신이 제시간에 못 올까봐 말이오. 이곳이 바로 당신이 죽기로 되어 있는 장소니까. 하지만 당신은 제시간에 와주었고, 당신이 멈추는 순간 내가 나타났소."

"……!"

멈추는 순간이 죽음의 지점이다.

신부와 랍비

공원을 산책하던 가톨릭 신부가 똑같이 산책을 나온 유대교 랍비를 만났다.

두 사람은 서로 수인사를 하고 이런저런 담소를 나누게 되었는데, 신부가 은근히 장난기가 동했다. 그래서 랍비를 놀려주려고 이런 이야기를 꺼냈다.

"어느 유대인이 몰래 천국에 숨어들었소. 천국의 문지기 페트루스가 인상을 쓰며 나가달라고 했지요. 유대인은 천국에 올 자격이 없다면서 말이오. 그런데 그 유대인은 천국의 문 뒤쪽에 바싹 달라붙어서는 영 나갈 생각을 하지 않는 게 아니겠소. 그래서 페트루스가 한 가지 꾀를 내어 천국의 울타리 밖에서 경매(競賣)를 알리는 북을 치도록 했소. 그러자 그 유대인이 허겁지겁 천국 밖으로 나가더라는 거요."

신부가 들려준 이야기는 엄청난 편견에 사로잡힌 망발로, 유대인은 천국에 들어갈 자격도 없으며 기껏해야 재물이나 욕심내는 인종이라는 저주에 가까운 비난이었다.

그런데 이야기를 다 듣고 난 랍비는 화를 내기는커녕 오히려 즐거워하는 표정이었다.

"아니, 내 얘기를 듣고도 웃음이 나옵니까?"
"당연하죠. 그 뒷얘기가 더 재미있거든요."
"?"

랍비가 말했다.

"여하튼 그런 식으로 우리 유대인이 천국에 들어가는 바람에 그곳이 꽤나 더럽혀진 모양입니다. 그래서 죄의식을 크게 느낀 어느 랍비가 그 천국을 깨끗이 하는 식을 올리려고 신부님을 찾았지요. 그런데 그 천국에는 신부가 단 한 명도 보이지 않더라지 뭡니까!"

"……!"

비난은 상대방으로 하여금 더 큰 비난을 낳게 하고, 그것은 더 크고 무지막지한 비난을 불러온다. 이런 비난들이 쌓여 저주로 이어지는 것이다.
서로 다른 신이면서도 결국엔 하나의 신. 그 하나의 신을 두고 서로 우열을 가리고 상대방의 신을 저주하면서…… 원수를 사랑한다…… 이것이야말로 변증법의 극치다!

세 가지 소원이라고?

한 남자가 완전히 파산했다.

그는 아내로부터 이혼을 당했으며 직장에서도 쫓겨났다. 친구들로부터 무능하다는 낙인이 찍혀 있었고, 은행 빚을 갚지 못해 집마저 저당을 잡히고 말았다.

모든 것을 잃어버린 남자는 이제 스스로 목숨을 끊는 수밖에 없다고 생각했다. 그래서 도시에서 제일 높은 다리 위로 걸어 올라갔다. 그러고는 다리 맨 꼭대기에서 몸을 던지려 하는데, 바로 그때 밑에서 날카로운 외침이 들려왔다.

"안 돼요! 뛰어내리지 말아요! 내가 당신을 구해주겠소!"

남자가 고개를 숙여 아래쪽을 살펴보았다. 하지만 아무것도 보이지 않았다.

"거기 누구요?"

남자의 물음에 아래쪽에서 대답했다.

"난 요술쟁이예요."

그 말은 절망 끝에 이른 남자의 호기심을 불러일으켰다.

남자는 잠시 뒤에 뛰어내리기로 하고 목소리가 들려오는 다리 아래쪽으로 가보았다. 그랬더니 그곳에는 주름살투성이인 노파가 서 있었다.

노파가 그를 빤히 쳐다보며 입을 열었다.

"비록 겉모습은 이렇지만 나는 분명히 요술쟁이요. 만약 내가 시키는 대로 따라준다면 당신의 세 가지 소원을 들어줄 수 있소."

그 말을 들은 남자가 속으로 생각했다.

'어차피 죽으려던 목숨, 지금보다 상황이 더 나빠지기야 하겠어.'

"좋소. 당신의 제안을 받아들이겠소. 근데 당신이 내게 시키려 하는 게 대체 뭡니까?"

"나와 함께 하룻밤을 보내는 것이오."

남자는 곧장 그녀를 따라갔고, 결국 그녀의 요구에 응했다. 생각만 해도 끔찍하고, 정말 죽기보다도 싫었지만 남자는 그녀가 원하는 대로 해주었다.

그 이튿날 간밤의 기나긴 악몽에서 깨어난 남자가 추한 노파에게 말했다.

"난 밤새 당신이 요구하는 모든 것을 들어주었소. 자, 그러니 이번엔 당신이 약속을 지킬 차례요. 내 세 가지 소원 말이오."

그러자 노파가 남자의 얼굴을 빤히 올려다보며 물었다.

"올해 당신 나이가 몇이죠?"

"새삼스럽게 그런 건 왜 묻소?"

그러면서도 남자는 혹시 나이와 세 가지 소원이 관련 있는지도 모른다는 느낌이 들어 선뜻 말해주었다.

"올해 마흔다섯이오."

그러자 노파가 긴 한숨을 내쉬더니 짧게 한마디 던졌다.

"아니, 그 나이가 되도록 요술쟁이가 있다고 믿는단 말이에요?"

세상에 태어난 인간은 시간이 지남에 따라 점점 늙어간다.
시간은 과거로 돌아가지 않으며 인간 역시 젊어지거나 어린 시절로 되돌려질 수 없다.
'언제나 청춘', '피터팬 증후군' 따위는 무지이며 자신의 삶에 대한 속임수에 불과하다.
인생이란 늙어 서서히 죽어가면서 완성되는 것이다.

나그네의 행과 불행

　개 한 마리와 작은 램프를 가진 나그네가 당나귀를 타고 여행을 하고 있었다.
　어느덧 해가 뉘엿뉘엿 저물 무렵 빈 헛간을 발견한 나그네는 그곳에서 하룻밤 묵어가기로 하고 안으로 들어갔다.
　날이 어두워지긴 했지만 아직 잠을 자기엔 이른 시간이었다. 나그네는 램프를 켜고 책을 읽기 시작했다. 그런데 때마침 허름한 벽 틈으로 바람이 불어와 램프의 불을 꺼버리고 말았다. 그 바람에 나그네는 책을 덮고 잠자리에 들었다.
　그런데 그날 밤에는 나그네에게 불행한 일만 벌어졌다. 나그네가 애지중지하던 개가 여우한테 물려 죽었고, 당나귀 역시 사자한테 죽임을 당했다.
　날이 밝았지만 나그네는 램프 하나만 들고 쓸쓸히 길을 나서야 했다. 그리고 한 시간쯤 지나 전날 자신이 묵었던 곳과 이웃한 작은 마을에 도착했다.
　그런데 그 마을에는 놀라운 일이 벌어져 있었다. 마을 사람들 모두 간밤에 들이닥친 도적떼에게 몰살을 당해, 살아 있는 사람이 한 명도 보이지 않았다.
　나그네는 겁에 질린 표정으로 서둘러 그 마을을 벗어나면서 곰곰이 생각해보았다.

만약 전날 밤 바람이 불지 않아 램프가 꺼지지 않았다면 자신은 틀림없이 도적떼에게 발견되어 살아남지 못했을 것이다. 개가 살아서 짖었더라도 발견되었을 것이고, 당나귀 역시 소란을 피워댔을 테니 도적떼를 피할 수 없었을 것이다.

나그네는 자신이 가진 모든 것을 잃어버린 덕분에 화를 면할 수 있었던 것이다.

인간사 새옹지마라고, 최악의 상황은 언제나 반전의 기회를 잉태하고 있다.
절대 희망의 등불을 놓아서는 안 된다.
희망이란 원래부터 존재한다고 말할 수도 없고, 또 없다고 말할 수도 없다.
희망은 지상에 난 길과 같다. 지상에는 처음에 길이 없었지만,
오가는 사람이 늘어나면서 길이 만들어졌다.

두 개의 천국

　기차여행 도중에 만난 기독교 목사와 유대교 랍비가 대화를 하게 되었다.
　목사가 제법 근엄한 표정을 지으며 말했다.
　"어젯밤 꿈속에서 유대인들의 천국이라는 곳을 어렴풋이나마 보게 되었는데, 왠지 지저분한 게 천국 같지도 않습디다. 게다가 거기에 우글거리고 있는 자들이 모두 유대인이라 영 꺼림칙하더군요."
　말을 듣고 난 랍비가 가만있을 리 없었다.
　"실은 나도 어젯밤 꿈에 기독교의 천국을 보았습니다. 듣던 대로 매우 훌륭한 곳이더군요."
　"그렇지요?"
　"예, 천지에 꽃이 만발해 있고 온통 꽃향기로 가득 차 있었습니다. 햇볕도 따사롭고…… 하지만 아무리 눈을 씻고 봐도 사람이라곤 찾아볼 수 없지 뭡니까!"

편견은 판단을 갖지 않는 의견이다.
편견은 어리석음의 극치다.
편견은 무지의 자식이다.

모세에 대한 불만

어느 기독교 목사가 난생처음으로 예루살렘을 방문했다.

유대교 사원의 경건한 예배의식을 구경하고 난 그가 한 유대인에게 다가가 말을 걸었다.

"의식이 매우 엄격하고 좋더군요. 근데 한 가지 궁금한 것이 있습니다. 기도를 드리면서 모세라는 이름이 나올 때마다 신도들이 투덜대는 것 같은데, 대체 왜 그러는 거죠? 모세야말로 유대교의 예언자로서 존경을 한 몸에 받고 있는 존재 아닙니까?"

"존경이라고요? 천만에요!"

유대인이 잔뜩 불만스런 얼굴로 말했다.

"그 모세라는 양반, 요즘 인기가 땅에 떨어졌습니다."

"아니, 그게 무슨 말입니까?"

"그 양반의 안내로 우리가 오렌지가 싼 땅에 도착하긴 했지만, 사실 석유가 펑펑 솟아나는 땅이 더 값지지 않습니까!"

'욕심이 잉태한즉 죄를 낳고 죄가 장성한즉 사망을 낳느니라'.
『신약성서』에 나오는 말이다.

물고기가 물로 돌아가듯이

가진 것이 돈밖에 없으면서도 입만 열었다 하면 돈, 돈 하며 끊임없이 재산을 긁어모으는 상인이 있었다.

어느 날 현자가 그 상인을 불러 말했다.

"물이 없는 곳에서는 물고기가 말라 죽듯이 당신도 재물에만 얽매이게 되면 망하게 될 것입니다. 물고기가 물로 돌아가야 하듯이 당신도 고독의 세계로 돌아가야 합니다."

놀란 상인이 눈을 휘둥그레 뜨며 물었다.

"그게 무슨 소리죠? 현자님 말씀은 그러니까, 제가 장사를 포기하고 절간에라도 들어가야 한다는 뜻입니까?"

"아니, 그런 것은 아닙니다. 사업은 계속하십시오."

"그럼요?"

"다만 어떤 일을 하든 인간임을 잊지 말라는 겁니다. 당신은 지금 인간이라기보다 돈의 노예에 가까우니까요."

똑똑한 사람은 돈을 잘 번다.
그러나 점점 더 쌓여만 가는 돈 때문에 결국 어리석어지고 만다.
돈은 살아가는 데 꼭 필요하지만, 필요 이상의 재물은
결국 필요 없는 것들을 위해 쓰이고 만다는 아이러니!

요약된 줄거리

　어느 신인작가가 감독에게 시나리오 원고 한 편을 보여주었다.
　남녀의 로맨틱한 사랑을 드라마화한 내용이었는데, 그것을 대충 한 번 훑어보고 난 감독이 퉁명스럽게 말했다.
　"이건 너무 길어요. 더 줄여서 가져와보시오."
　이튿날 그 작가는 내용을 다섯 장 정도로 요약하여 보여주었다. 그러나 감독은 그날도 원고를 본체만체하고 퉁명스럽게 쏘아붙였다.
　"너무 길단 말이오. 좀더 요약해보라고. 난 너무 바빠서 이렇게 긴 시나리오는 읽을 시간이 없다고!"
　"알겠습니다."
　대답을 마친 작가는 그 즉시 줄거리를 보여주었는데, 다음과 같았다.
　'남주인공, 갑부. 여주인공, 창녀. 이 둘이 만나 우여곡절 끝에 사랑에 빠짐. 결혼으로 해피엔딩.'
　원고를 한눈에 훑어보고 난 감독이 비로소 자기 의견을 말했다.
　"이건 몇 년 전에 상영된 「귀여운 여인」과 똑같은 스토리 아니오! 쯧쯧, 신인 주제에 벌써부터 남의 작품을 모방하려 들다니……!"

인간은 뻔하기 그지없는 인생을 저마다 특색 있게 살아가려고 한다.
최선을 다해 열심히 살되 비겁하게, 비루하게 살지는 마라.
인생은 너무나 짧기에 후회할 시간이 그리 많지 않다.

닮은 점

한 청년이 자기 아버지의 뒤를 이어 랍비가 되었다.

그런데 그를 만나는 사람이면 누구나 그 청년이 자기 아버지와 전혀 딴판이라고 이구동성으로 말하는 것이었다.

그 말을 들은 그 청년 랍비는 이렇게 대꾸했다.

"무슨 소립니까? 정반대입니다. 저야말로 아버지를 쏙 빼닮았습니다."

"그래?"

"예, 그분은 아무도 모방하지 않았고 저 역시 아무도 모방하지 않으니까요."

남을 모방하려 드는 것보다 어리석은 짓은 없다. 부디 그대 자신으로 돌아가라!

활자화되지 않은 책

어느 강연장에서 다음과 같은 주제로 강연이 열렸다.
'오늘날 세계에서 소비되고 있는 전체 군사비 중 극히 일부만 사용해도 전 인류의 식량문제 등 물질적인 문제를 모두 해결할 수 있다.'
강연이 끝난 뒤 제자들 사이에서는 한심스럽다는 푸념의 말이 쏟아져 나왔다.
"정말 인류는 왜 이렇게 어리석을까요?"
"그건 말이다……."
스승이 엄숙한 목소리로 말했다.
"사람들에게 활자로 인쇄된 책만 읽는 습관이 몸에 배어 있기 때문이다. 활자화되지 않은 책을 읽는 방법도 알아야 하는데, 그것을 까맣게 잊고 있는 거지."
"활자화되지 않은 책이라고요? 그게 어떤 거죠?"
제자들이 호기심 어린 눈으로 물었지만 스승은 쉽사리 예를 들려 하지 않았다.
그래도 제자들이 끈질기게 매달리자 스승은 하는 수 없이 조용한 어조로 입을 열었다.

"새소리, 벌레소리는 모두 '진리'를 소리 높여 알려주고 있다. 들판의 풀이나 꽃들도 모두 '길'을 가리키고 있지 않느냐?"
"……."

그렇다! 활자화된 것은 이미 죽은 것이다.
세상 만물에 귀를 기울여라! 눈을 크게 떠라!
그것이야말로 활자화되지 않은 사물을 올곧게 읽어내는 방법이다.

계율

모세의 계율 중에는 돼지고기를 먹지 말라는 것과, 이교도 앞에서 붉은 포도주를 마시면 안 된다는 것이 있다.

어느 유대인 남자가 기차로 여행을 하고 있는데, 바로 옆자리에 앉아 있는 독일군 장교가 맛있어 보이는 샌드위치를 꺼내 먹다가 혼자 먹기 미안한지 하나를 권해왔다. 그 샌드위치는 빵조각 사이에 커다란 햄이 들어 있었다. 유대인 남자가 감사를 표하며 사양했다.

그러고는 조금 있으려니 샌드위치를 다 먹고 난 장교가 이번에는 붉은 포도주를 꺼내 조금씩 마시기 시작했다. 이번에도 권해보았지만 유대인 남자는 여전히 사양했다.

장교가 물었다.

"이렇게 장시간 여행하는데, 출출하지도 목마르지도 않소?"

유대인 남자가 대답했다.

"성의를 받아들이고 싶지만 계율이 워낙 엄해서요."

장교가 되물었다.

"그 계율이라는 게 절대 어겨서는 안 되는 것입니까?"

"아니, 꼭 그렇다고 할 수는 없지요. 생명의 위협을 느낄 때는 예외가 인정되는 법이죠."

유대인의 말에 장교가 재빨리 허리춤에서 권총을 빼들고는 농담 반 진담 반으로 그를 위협하며 강요했다.

"자, 이 포도주를 한 모금 마시도록 하시오. 그러지 않으면 방아쇠를 당기겠소."

장교가 그렇게 나오자 유대인 남자가 못 이기는 척 붉은 포도주를 받아 몇 모금 마셨다.

잠시 뒤 장교가 권총을 거두며 말했다.

"제 장난이 너무 지나쳤던 것 같습니다. 정중히 사과드리지요."

그 말에 유대인이 손을 내저으며 말했다.

"천만에요, 그럴 필요까진 없습니다. 근데 기왕이면 아까 샌드위치를 먹을 때 위협해주지 그랬습니까!"

그대 자신을 정복하라. 그러지 않으면 노예가 될 것이다.
자신을 통제하지 못하면 그대의 욕구뿐만 아니라
다른 사람의 욕구에도 복종해야 하는 상태로 전락하고 만다.

너를 팔아라

농장을 경영하여 많은 가축을 기르는 사람이 있었다.

하루는 그가 동물의 말을 죄다 알아들을 수 있다는 수피에 대한 소문을 듣고는 그 수피를 찾아가 동물의 말을 가르쳐달라고 부탁했다.

수피는 썩 내키지 않았지만 매달리다시피 통사정하자 그의 부탁을 들어주기로 했다. 그래서 한 달쯤 지나서는 그 남자도 동물의 말을 거의 다 알아듣게 되었다.

하루는 농장의 수탉이 개에게 하는 말이 들려왔다. 농장에 있는 나귀가 병이 들어 곧 죽을 것이라는 말이었다. 수탉의 말을 알아들은 주인은 손해를 보지 않으려고 즉시 나귀를 팔아치웠다.

그로부터 얼마 지나지 않아 이번에는 수탉이 개에게 농장의 어느 소가 곧 죽을 것 같다고 말하는 것이었다.

이번에도 주인은 얼른 그 소를 팔아 손해를 면했다.

몇 달 뒤, 수탉이 이번에는 농장에서 일하는 노예가 죽을 것이라고 말했다. 주인은 이번에도 그 말을 알아듣고 일말의 갈등도 없이 그 노예를 팔아버렸다.

사정이 이러하자 농장주인은 자신의 재주가 몹시 대견스러웠다. 자신의 재산을 축내는 어떠한 불행도 막아낼 수 있다고 확신하게 된 것이다. 과연 그의 판단은 옳았다. 동물의 말을 알아들은 덕분에 그는 많은 재산을 모을 수 있었다.

그러던 어느 날이었다. 그날도 농장주인은 우연히 수탉과 개의 대화를 엿듣게 되었다.
"우리 농장주인 영감 말이야, 곧 죽게 되었지 뭐야? 재산이 많으면 뭘 해? 아무 소용없는 걸. 쯧쯧……!"
그 말을 들은 주인은 머리가 돌아버릴 지경이었다.
'아니, 내가 죽는다고? 이럴 수가! 안 돼, 안 돼!'
절대 믿고 싶지 않은 말이었지만 무시해버릴 수는 없었다. 여태껏 수탉의 예언은 단 한 번도 빗나가지 않았던 것이다!
자신이 곧 죽을 것이라는 두려움에 휩싸인 농장주인은 이제 아무 일도 할 수 없었다. 급기야 자신에게 동물의 말을 가르쳐준 수피를 찾아가 자신의 처지를 털어놓기에 이르렀다.
"말씀 좀 해주십시오. 이제 전 어떡해야 합니까?"
수피가 오랜 침묵을 깨고 입을 열었다.
"방법은 딱 하나요! 지금 농장으로 돌아가서……."
"도, 돌아가서요?"
"이젠 그대 자신을 파시오."

다른 사람들보다 특별한 재주를 지녔다면 그 능력을 좋은 일에만 사용해야 한다.
능력을 과신하고 눈앞의 이익에 집착하다 보면 그 재주는 결국 화가 되어 자신을 덮칠 것이다.

부정과 긍정

어느 신발제조회사에서 아프리카의 콩고를 상대로 수출계획을 수립했다.

회사에서는 사전 시장조사를 위해 두 사람을 아프리카로 보냈는데, 두 달 뒤 그들이 돌아와 그 결과를 발표하게 되었다.

첫 번째 조사원의 의견은 매우 비관적이었다.

"그 나라에 신발을 수출하겠다는 발상 자체부터가 큰 착오였습니다. 도저히 불가능한 일입니다. 왜냐하면 그 나라 사람들은 아무도 신발을 신지 않으니까요."

조사원의 말을 듣고 난 임원들은 힘이 쑥 빠져버려, 수출계획을 포기해야겠구나 생각했다.

그런데 두 번째 조사원은 전혀 다른 표정이었다.

"제 생각은 다릅니다. 우리가 그 나라에 신발을 수출하기로 계획한 것은 정말 잘한 일입니다. 그곳의 신발시장은 그야말로 무궁무진합니다."

한 임원이 말을 가로채어 물었다.

"똑같이 보고 와서 이렇게 상반된 주장을 하다니……. 당신이 그렇게 낙관하는 이유가 대체 뭐요?"

"그 나라 사람들은 아무도 신발을 신고 있지 않습니다. 그럼 이렇게 한번 생각해보십시오. 그 많은 사람들이 우리 신발을 신기 시작한다고요. 우리 상품이 날개 돋친 듯 팔려나가지 않겠습니까?"

그 조사원의 말이 끝나기가 무섭게 회의장 안은 환호와 박수소리로 가득 메워졌다.

'장미꽃은 아름다운데 가시가 있다'가 아닌 '가시가 있는 나무가
장미처럼 아름다운 꽃을 피운다'는 생각이 바로 긍정적인 사고방식이다.
긍정적인 사고란 어떤 상황에서도 포기하거나 불행해하지 않는 것이다.

포커

미국 국무부에서는 병사들에게 근무시간 중에는 절대 포커 게임을 못하도록 하고 있었다.

그런데 한번은 각각 가톨릭과 기독교, 그리고 유대교를 믿는 병사 셋이 몰래 포커 판을 벌이다가 발각되어 군법회의에 회부되었다.

법정에서 이들 세 병사에게 진술할 기회가 주어졌는데, 맨 먼저 가톨릭교를 믿는 병사가 증언했다.

"성모 마리아님께 맹세컨대, 전 절대로 포커 같은 것을 하지 않았습니다."

이어 기독교를 믿는 병사도 그와 비슷한 증언을 했다.

"마틴 루터님의 이름을 걸고 맹세하겠습니다. 저 역시 포커를 한 기억이 없습니다."

마지막으로 유대교 병사가 자리에서 일어나 말했다.

"앞의 두 사람은 절대 포커를 하지 않았다고 하고, 저 역시 그들이 진실하다는 것을 인정합니다. 그런데 재판관님, 혼자서도 포커 게임을 할 수 있습니까?"

인간은 천사도 아니고 짐승도 아니다.
그런데 인간은 불행히도 천사처럼 행동하길 바라면서 실제로는 짐승처럼 행동한다.

돌멩이의 가격

스승이 제자에게 돌멩이 하나를 주며 말했다.
"이것을 시장에 가져가 팔려고 하되 절대 팔지는 말거라."
제자는 스승의 말씀에 따라 작은 돌멩이 하나를 들고 시장으로 나갔다. 그리고 시장 어귀에 깨끗한 보자기를 펼쳐놓고 그 위에 돌멩이 하나를 올려놓았다.
수많은 사람들이 지나다니면서 그를 보고 비웃었다.
"세상에, 흔하디흔한 돌멩이를 팔겠다고 저러고 있다니……!"
"머리가 어떻게 된 거 아냐?"
하루종일 돌멩이를 앞에 두고 서 있는 청년이 불쌍해 보였는지 한 노인이 다가가 물었다.
"얼마를 주면 이 돌멩이를 팔겠소?"
"……."
제자는 팔 물건이 아니었으므로 아무 말도 하지 않았다.
노인이 딱한 표정을 지으며 말했다.
"청년, 내가 1루피를 줄 테니 그걸 나한테 팔고 저녁이나 먹고 들어가구려."
"아닙니다. 팔지 않겠습니다."
그러자 노인은 돈이 너무 적어서 그런 줄 알고 2루피를 주겠다고 했다. 그래도 청년은 아무런 대꾸를 하지 않았다.
그 광경을 지켜보고 있던 사람들이 갑자기 몰려들었다.

사람들은 돌멩이 하나를 두고 저마다 흥정을 벌이기 시작했다. 아무 말도 없는 청년 앞에서 돌멩이를 사기 위해 가격을 올렸다.

"나한테 10루피에 파시오!"

"12루피!"

"14루피!"

"16루피!"

1루피에서 시작된 돌멩이 값이 계속 치솟았다. 사람들은 그 돌멩이가 엄청난 것인 줄 알고 서로 차지하기 위해 안간힘을 썼다.

맨 처음 흥정을 시작한 노인이 비장한 목소리로 말했다.

"50루피를 줄 테니 나한테 파시오!"

그러자 여태껏 값을 흥정하던 사람들은 입이 딱 벌어져서 포기하고 말았다.

제자가 그 노인에게 말했다.

"이 돌을 팔 수는 없습니다. 단지 시세를 알아보러 나왔을 뿐입니다."

제자가 돌아오자 스승이 그를 보고 말했다.

"알겠느냐? 사람들이 가격을 정하고 가치를 정하는 기준이 얼마나 헛되다는 것을……!"

아무리 아름다운 무지개라도 15분 이상 지속되면 사람들은 더 이상 쳐다보지 않는다.
물건의 값어치는 사람들이 그렇게 보이게 한 값어치에 지나지 않는다.

비난

큰 홍수가 지나간 뒤 마을에 나가보니 커다란 나무 한 그루가 쓰러져 큰길을 막고 있었다. 뜻하지 않게 길이 막히자 오도 가도 못하게 된 자동차들이 길게 꼬리를 물고 늘어져 있었다.

그런데 사람들은 힘을 합쳐 그 나무를 치울 생각은 하지 않고 이런저런 궁리와 토론만 계속하고 있었다.

한참 동안 그러고 있는데, 어디선가 우락부락한 근육에 체격이 건장한 청년이 나타났다. 한눈에 상황을 판단한 청년은 눈 깜짝할 사이에 그 나무를 길 가장자리로 끌어다가 치워버렸다.

그러자 여태껏 차 안에서 그 광경을 지켜보던 어느 승객은 이렇게 중얼거리는 것이었다.

"때마침 잘도 나타났군. 하지만, 쳇! 저런 인간은 매사를 저런 식으로 완력에만 의존한다니까……!"

비난에 대한 최선의 방어책은 '무대응'이다.
하릴없이 빈정대기만 하는 인간이야말로 단 한 번도 남을 위해 일한 적도,
남에게 도움을 준 적도 없는 정말 쥐새끼처럼 생긴 인간일 것이다.

약속 이행

어느 날 마음속에서 큰 갈등을 겪고 있는 남자가 신께 기도했다.

"신이시여, 저를 이 크나큰 마음의 고통으로부터 해방시켜주십시오. 그러면 제가 소유하고 있는 이 집을 팔아 전액 가난한 이웃을 위해 쓰겠나이다."

그의 기도를 들은 신은 곧 갈등을 해결해주었다. 이젠 그 남자가 신과의 약속을 지킬 차례였다.

하지만 그는 여태껏 악착같이 긁어모아 마련한 자기 집을 고스란히 내놓기가 싫었다. 그래서 오랜 고심 끝에 묘안을 떠올렸다.

그는 먼저 자신의 집을 은화 한 냥에 내놓았다. 그런 다음 그 집에 강아지 한 마리를 딸려 붙이고는 금화 10만 냥을 요구했다. 결국 그의 소유인 집은 은화 한 냥에, 강아지는 금화 10만 냥에 팔려나간 것이다.

남자는 단돈 은화 한 냥을 신의 몫으로 가난한 사람에게 던져주고, 금화 10만 냥은 고스란히 자기 몫으로 챙겼다.

속이고 배신하는 것이 인간의 본성이고,
돈 앞에서 가장 교활해지는 것이 인간이라지만 신까지 속이려 하는가!
배반당하는 측은 그로 인해 상처를 입게 되지만,
배반하는 사람은 그보다 몇 배 더 비참한 상태에 놓이게 된다는 사실을 기억하라.

임신하지 않은 이유

    전쟁이 끝난 뒤 벨기에의 한 수녀원을 조사해보니 단 한 명을 제외하고 모든 수녀가 임신상태였다.
    이 엄청난 사실에 놀란 당국이 은밀히 개별 조사를 해보았더니, 모두 전쟁 중에 독일군 병사들에게 당했다는 것이었다.
    그런데 다른 수녀들과 달리 유독 임신을 하지 않은 수녀는 어떻게 된 것일까?
    "대체 당신은 어떻게 그런 화를 면할 수 있었던 거요?"
    당국자의 물음에 키가 작고 못생긴 그 수녀는 즉각 이렇게 대꾸하는 것이었다.
    "어떻게라뇨? 당연하죠, 반항했으니까요!"

포도 맛을 볼 수 없었던 사람이 그 포도가 시다고 우겼다.
물론 다른 사람들은 그 말을 무시하고 포도 맛을 즐겼다.
그런데 나중에 포도가 시다고 억지를 부리던 사람이 그 포도 맛을 보니
진짜로 시어서 도무지 입에 댈 수가 없었다나……?

술 취하는 이유

한 젊은이가 랍비를 찾아와 물었다.

"술이라는 음식을 마시면 취하게 되는데, 왜 그런 거죠?"

랍비가 설명했다.

"우리 인간의 몸 오른쪽에는 선(善)이 있고, 왼쪽에는 악(惡)이 도사리고 있지. 그런데 뱃속에 술이 들어가면 홍수가 나서 선과 악이 뒤섞여 분간을 할 수 없게 되지 않겠나. 이런 상태를 바로 주정(酒酊)이라고 부르는 것일세."

젊은이가 고개를 끄덕이다가 잠시 뒤 다시 물었다.

"뱃속에 액체가 들어가 그렇게 된다면…… 술이 아니라 물을 채워도 되지 않겠습니까?"

랍비가 혀를 찼다.

"쯧쯧, 그러니까 자네가 바보 소릴 듣는 거야."

"?"

"세상에 물을 마시고 취하는 녀석이 어딨나!"

어리석은 질문에는 어리석은 대답이 뒤따른다.
간혹 어리석음이 합당한 반발을 보이기도 하는데, 교활한 자는 이때 슬쩍 빠져나가
어리석은 자에게 문제를 덮어씌우며 본질 자체를 무화(無化)시켜버린다는 사실!

같은 두 근도

　백정 출신 천 영감이 푸줏간을 운영하고 있는데, 하루는 양반 두 사람이 고기를 사러 왔다.
　그중 한 명이 먼저 말했다.
　"어이, 백정. 여기 쇠고기 두 근만 끊어봐."
　"그럽죠, 나리."
　천씨가 솜씨 좋게 칼을 놀려 고기를 잘라주었다.
　이번에는 뒤에 서 있는 양반 차례였는데, 백정이라는 천한 신분이긴 하지만 나이가 자기보다 한참이나 많은 사람에게 막말을 하기가 거북하여 약간의 겸양을 갖춰 말했다.
　"천 서방, 여기 쇠고기 두 근 주시게."
　"예, 고맙습니다요, 나리."
　대답부터가 기분 좋은 천 서방이 즉시 고기를 잘라주는데, 똑같은 두 근인데도 앞의 것보다 갑절은 더 커 보였다.
　먼저 고기를 산 양반이 화를 참지 못하고 따졌다.
　"이 백정놈아! 같은 두 근인데 어째서 이 사람 것과 내 것이 이렇게 차이가 나느냐!"
　그러자 천 영감은 이렇게 대꾸하는 것이었다.

"그야 당연합죠. 자른 사람이 틀리는뎁쇼."

"어라, 이 백정놈이 실성을 했나? 이놈아, 방금 전 네놈이 둘 다 자르는 걸 보았는데도!"

"물론 둘 다 제가 잘랐습죠. 하지만 손님 고기는 백정이 자른 것이요, 이 어른 고기는 천 서방이 잘랐습니다요."

남을 백정으로, 병신으로, 머저리로 바라보라.
그 사람의 눈에는 네가 무엇으로 보이겠는가!

그놈의 김 선비

글재주가 뛰어나기로 소문난 김 선비가 여행 도중 어느 주막에 들렀다. 마침 그곳에는 많은 선비들이 모여 술과 담소를 나누고 있었고, 김 선비도 자연스럽게 합석을 했다.

그런데 김 선비가 언뜻 듣자니 다른 누구도 아닌 자신의 이름이 들먹여지고 있는 게 아닌가.

한 선비가 말했다.

"자네들, 시 잘 쓴다는 김 선비 알지? 그 친구 나랑 같은 서당에 다녔는데, 글은 좀 쓰지만 성깔이 여간이 아니라고. 그래서 여느 사람과는 말도 잘 안 하지."

그러자 옆에 있던 선비도 한마디 거들었다.

"내 친구도 그 선비를 잘 아는데, 소문만 그렇지 실제 글솜씨는 별 게 아니라던데 뭐."

옆에 있던 또 한 사람은 한술 더 떴다.

"글은 좀 쓰는 모양이야. 하지만 내가 만나보니 몰골이 형편없더군. 못생긴데다 한쪽 눈도 없어요."

일행의 말을 가만히 듣고 있자니 김 선비의 심사가 여간 뒤틀리는 게 아니었다.

하지만 선비 체면에 대놓고 욕을 퍼부을 수도 없는 노릇, 그저 먼 산을 바라보며 지나가는 말로 이렇게 말했다.

"그놈의 김 선비라면 댁들보다 내가 훨씬 잘 아오. 당신들 말대로 그 사낸 정말 형편없는 작자지. 그럼요! 게다가 귀까지 먹어서 바로 옆 사람이 자기 흉을 늘어놓는데도 전혀 알아듣지 못하는 바보 천치라오!"
　김 선비의 말에 일행은 한동안 고개를 들지 못했다.

두 눈으로 똑똑히 목격한 사실도 말로 옮기기란 무척 힘들다.
하물며 남에게 들은 바를 다시 남에게 말하기가 쉬울 리 있겠는가.
더구나 우리 인간의 머리는 창작력이 뛰어나
보고 들은 것을 부지런히 각색하기 여념이 없는데!

신의 종, 신의 나무

한 나그네가 남의 집 마당에 서 있는 나무에서 사과를 따먹다가 주인에게 들켰다.

주인이 화를 내며 따졌다.

"그런 못된 짓을 하다니! 신이 두렵지도 않소?"

그런데 나그네는 태연해하면서 오히려 이렇게 큰소리를 치는 것이었다.

"신이 두렵지 않느냐고? 대체 무엇 때문에 신을 두려워한단 말이오?"

"아니……?"

"이 사과나무는 신의 것이고, 나는 신의 종이외다. 신의 종이 신의 과일을 좀 따먹었기로서니 뭐가 잘못되었소?"

"허 참, 기가 막혀서…… 방귀 뀐 놈이 성을 낸다더니, 도둑질을 한 놈이 오히려 큰소리를 쳐?"

주인은 어이가 없는 표정으로 잠시 뭔가를 골똘히 생각했다. 그러더니 곧 나그네를 옴짝달싹 못하게 사과나무에 묶어버렸다. 그러고는 나뭇가지를 꺾어 사정없이 나그네를 두들겨 패기 시작했다.

"네 이놈, 본떼를 보여주마!"

나그네가 정신없이 얻어맞으면서 항의했다.

"날 이렇게 때리다니! 당신, 신이 두렵지도 않소?"

그러자 주인이 태연한 목소리로 이렇게 말하는 것이었다.

"너는 신의 종이고, 이 나뭇가지 역시 신의 것인데 무슨 까닭에 신이 두렵겠느냐? 신의 나뭇가지로 신의 종을 패는데 뭐가 잘못되었단 말이냐!"

모든 일에 신을 앞세우는 그대, 언제까지 신을 빙자하며 네 밥그릇을 채울 셈이냐!

미국에서는 모두 크다

해외여행 한번 못해본 남자가 난생처음 미국에 갔다.

여행 도중 텍사스 평원을 내달리는 버팔로를 보고 그가 물었다.

"우와, 엄청나군! 저것들은 대체 뭐죠?"

가이드 역시 버팔로를 처음 보기는 마찬가지였다. 하지만 가이드는 이렇게 둘러댔다.

"저것들은 아마 멧돼지일 겁니다. 미국에선 모든 것이 큰 편이지요."

그로부터 얼마 뒤, 이번에는 남자가 하늘을 날고 있는 독수리 한 마리를 발견하고 물었다.

"저건 무슨 새죠?"

가이드가 대답했다.

"참새입니다. 미국에선 모든 것이 크지요."

남자가 감탄하며 고개를 끄덕였다.

"아, 그렇군요!"

그 남자는 커다란 호텔에 묵게 되었는데, 그날 밤 화장실을 찾다가 그만 수영장에 빠지고 말았다.

물에 빠진 남자가 허우적대며 중얼거렸다.
"휴! 여기 사람들은 죄다 게을러서 아무도 물을 안 내린 모양이군!"

잘못된 관념은 모든 사물을 왜곡하고, 그 왜곡된 관념은 더욱 잘못된 관념을 불러온다.
이런 식이 계속되다 보면 나중에는 그 실체를 알 수 없게 된다.
그저 제각각의 관념에 파묻혀 둥둥 떠버리고 마는 것이다.

구원

비바람이 거세고 번개까지 치는 날 성당의 주교를 찾아온 여인이 있었다. 그녀는 무신론자였는데, 주교 앞에서 잔뜩 겁에 질린 표정으로 이렇게 말했다.

"저는 신자가 아니에요. 하지만 저도 지옥의 불로부터 구원을 얻을 수 있을까요?"

주교가 여인을 바라보며 안타깝다는 표정으로 말했다.

"아닙니다. 구원이란 물의 세례나 영혼의 세례를 받은 사람에게만 해당되죠."

그 말이 끝나기가 무섭게 하늘에서 천둥과 함께 큰 벼락이 떨어져 성당이 삽시간에 불덩이로 변했다.

뒤이어 마을 사람들이 달려와 그 여인을 구해냈다. 그러나 주교는 불더미에 휩싸여 사라지고 말았다.

주교는 왜 하필 물의 세례나 영혼의 세례를 마다하고 불의 세례를 선택한 거지……?

5
어리석음에 대하여

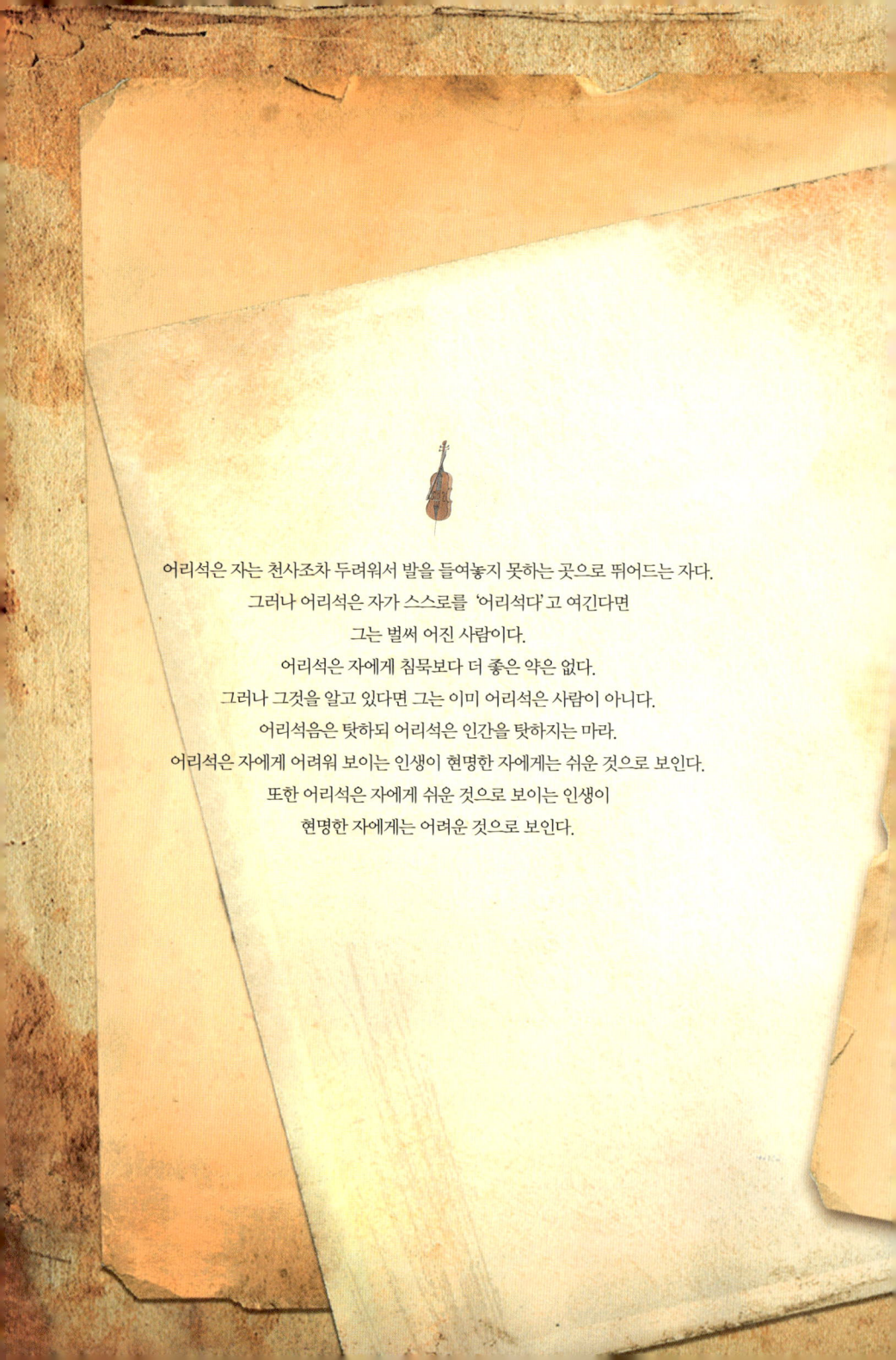

어리석은 자는 천사조차 두려워서 발을 들여놓지 못하는 곳으로 뛰어드는 자다.
그러나 어리석은 자가 스스로를 '어리석다'고 여긴다면
그는 벌써 어진 사람이다.
어리석은 자에게 침묵보다 더 좋은 약은 없다.
그러나 그것을 알고 있다면 그는 이미 어리석은 사람이 아니다.
어리석음은 탓하되 어리석은 인간을 탓하지는 마라.
어리석은 자에게 어려워 보이는 인생이 현명한 자에게는 쉬운 것으로 보인다.
또한 어리석은 자에게 쉬운 것으로 보이는 인생이
현명한 자에게는 어려운 것으로 보인다.

거짓말

버스정류장에 선 두 유대인이 대화를 하고 있었다.
"어딜 가시기에 이렇게 일찌감치 나오셨습니까?"
"예, 바르샤바에 다녀오려고 합니다. 목재를 좀 살까 해서요."
그러자 먼저 물었던 남자가 이렇게 말했다.
"아니, 그런 거짓말은 하지 않아도 될 텐데요."
"거짓말이라뇨?"
"그렇잖습니까! 당신이 바르샤바에 목재를 사러 간다고 할 때는 렌베르크로 밀가루를 사러 간다는 것쯤은 잘 알고 있습니다. 하지만 오늘은 당신이 정말로 바르샤바에 목재를 사러 간다는 사실을 들어서 알고 있거든요. 오늘 같은 날 굳이 거짓말을 할 필요가 있을까요?"

한 가지의 거짓말을 참말처럼 하기 위해서는
항상 일곱 가지의 거짓말을 필요로 한다.

밀크

두 남자가 카페에 들어가 대화를 하고 있는데, 둘 중 한 명이 앞을 못 보는 장님이었다.

눈이 보이는 남자가 장님에게 물었다.

"속이 출출한데, 우리 밀크라도 마실까?"

그러자 장님이 되물었다.

"밀크라니, 어떻게 생긴 거지?"

"밀크는…… 흰 액체야."

"희다니, 희다는 게 대관절 뭔데?"

"글쎄, 흰 것이…… 아, 백조가 있군. 백조가 희지."

"그렇군. 근데 그 백조라는 건 대체 어떤 걸 말하는 건가?"

"백조란 새의 일종으로 목이 길고 굽어져 있는 새를 말하는 것일세."

"흠, 말귀는 알아듣겠는데, 그 굽어져 있다는 건 또 뭔가?"

남자가 답답함을 참으며 이렇게 말했다.

"그럼 이렇게 한번 해보지. 내가 팔을 굽혀볼 테니까 자네가 한번 만져보라고."

장님이 시키는 대로 더듬더듬 그 친구의 팔을 만져보았다. 그러고는 이렇게 말했다.

"아아, 이제 알겠어! 그 밀크라는 것을 말이야!"

우리는 지금 장님처럼 어둡다.
본질에서 너무나 멀리 떨어져온 것이다.

곤충도 할 수 있는 일

밀림지역에서 선교활동을 하는 선교사가 원주민들에게 강렬한 인상을 심어주고 싶었다. 그래서 원주민 몇 명을 자신들이 소유하고 있는 경비행기에 태우고 하늘로 올라갔다.

작은 비행기는 원주민들의 마을과 언덕, 숲, 강물 위로 높다랗게 날아올랐다.

그런데 참 이상한 일이었다. 난생처음 비행기를 타보는 원주민들이 이따금 창을 통해 아래를 굽어보기만 할 뿐 그다지 놀라워하는 기색이 아니었다. 강한 인상을 받거나 감동하는 표정이라곤 찾아볼 수가 없었다.

하늘을 날던 비행기가 이윽고 원주민 마을 언저리에 내려앉았다. 그때까지도 원주민들은 약속이나 한 듯 굳게 입을 다물고 있었다.

그들의 반응을 듣고 싶었던 선교사는 이제 더 이상 참을 수가 없었다. 그래서 스스로 경탄해 마지않는 목소리로 외쳤다.

"인간이 이룩한 위대한 성취, 이 얼마나 멋진 일입니까! 방금 전 우린 저 높은 하늘에서 나무와 마을, 그리고 산을 내려다보았습니다. 정말 놀라운 일이지 않습니까!"

바로 그때였다. 여태껏 선교사 일행의 행동을 묵묵히 지켜본 한 원주민이 앞으로 나서며 차분하게 입을 열었다.

"그런 것은 곤충도 할 수 있는 일입니다."

문명과 거리가 먼 원주민들은 사방이 열린 집에서 잠들지만,
첨단 과학문명을 만들어낸 도시인들은 유리창으로 둘러진 집과
전기가 흐르는 담 안에 갇혀 잠든다.

알아낸 방법

항구를 막 출발해 바다를 항해 중인 기선 한 척이 있었다.

그 배의 갑판장은 출발 직전부터 잔뜩 술에 취해 있었는데, 그가 때마침 갑판 위에 나와 있는 한 청년에게 물었다. 청년은 그 배를 처음 타 보는 사람이었다.

"이봐, 자넨 잘 모르겠지만 말이야…… 이 배는 길이가 140미터에 폭이 무려 60미터나 되네. 그렇다면 이 배의 선장 나이는 얼마나 된다고 생각하나?"

참으로 터무니없는 엉터리 질문이었지만 청년은 이렇게 대꾸했다.

"글쎄요, 한 10분만 주시겠어요?"

그러고는 잠시 어디론가 사라졌다.

10분 뒤 그 청년이 다시 갑판 위에 나타나 대답했다.

"선장의 나이는 예순 살입니다."

갑판장이 매우 놀랍다는 표정을 지었다.

"아니, 그걸 어떻게 알아냈지? 선장 나이가 배의 폭과 똑같다는 사실을 말이야?"

그러자 청년은 대수롭지 않다는 표정으로 이렇게 말했다.
"물어봤어요."
"?"
"선장님한테 직접 가서 나이를 물어봤다고요."

어수룩한 질문이나 질문을 위한 질문, 그리고 그에 걸맞게 빙빙 돌려진 심오한 답변들……
우리는 이런 것들에 너무 익숙해져 있다.
심오한 척 폼 잡지 마라. 단순명쾌하게 핵심을 짚어라!

2달러 잃다

한 남자가 자기 부인과 함께 지방도시에 사는 친구의 집을 방문했다. 그러자 모처럼 손님을 맞은 그 친구는 그들 부부를 경마장에 데리고 갔다.

난생처음 경마장을 찾은 부부는 하루종일 경마에 정신이 팔렸고, 결국 가진 돈을 다 잃고 단돈 2달러만 남긴 채 돌아갔다.

문제는 그 이튿날이었다. 아침 일찍부터 남편은 자기 혼자 경마장에 갔다 오겠다며 간신히 아내를 설득시킨 뒤 다시 경마장으로 향했다.

그날 첫 시합은 50 대 1의 도박이 걸린 경기였다. 남편은 별생각 없이 불리한 말 쪽에 돈을 걸었는데, 뜻밖에도 그 말이 우승을 차지했다. 도박에서 이긴 남편이 이번에는 더 많은 돈을 걸었고 다시 이겼다.

그렇게 밤새워 도박을 한 그는 67만 달러라는 거액을 손에 쥘 수 있었다.

이튿날 새벽. 기분 좋게 아내가 머물고 있는 친구 집으로 향하던 남편은 우연히 한 도박장 앞을 지나가게 되었다. 바로 그때, 경마장에서 자신을 승리로 이끌어준 행운의 목소리가 마음속에서 이렇게 속삭이는 것이었다.

"어떻게 그냥 지나칠 수 있어? 들어가서 한번 붙어봐!"

결국 그는 숨을 한번 깊이 들이마시고 성큼성큼 들어가 룰렛 판 앞으로 다가갔다.

그때 마음속의 그 목소리가 다시 외쳤다.

"13번, 13번에 걸어봐!"

마음속의 외침에 따라 그는 자신이 갖고 있는 67만 달러 전액을 13번에 걸었다.

빙글빙글 룰렛 판이 돌아갔고, 서서히 멈춰 서는가 싶더니 이윽고 딜러의 목소리가 들려왔다.

"14번!"

순식간에 거액을 날려버린 그는 허탈한 심정으로 터벅터벅 걸어서 친구의 집으로 돌아왔다.

그가 집 앞에 도착하자 아내가 문 밖으로 뛰어나오며 맞아주었다.

"어떻게 됐어요?"

아내의 물음에 남편은 어깨를 으쓱해 보이더니 이렇게 말했다.

"응, 2달러마저 잃었어."

도박판에서 좋은 패를 잡은 것만이 행운은 아니다.
일어나서 집에 가야 할 때를 정확히 아는 사람이 진짜 행운을 잡은 것이다.

계산

가난한 이반이 수중에 땡전 한 푼 없는 어느 날 술 생각이 간절했다.

그래서 이웃집에 사는 유대인 친구를 찾아가 나중에 갚을 테니 1루블만 빌려달라고 했다.

그런데 그 친구는 내년 봄에 이자까지 붙여 2루블을 갚고, 그 담보로 이반의 도끼를 내놓으라고 요구했다.

술 생각이 너무나 간절했던 이반은 그 조건에 순순히 동의하고 돈을 빌렸다.

그런데 그가 막 나오려고 하자 유대인 친구가 다시 불러세웠다.

"방금 떠오른 생각인데 말이야, 자네가 봄에 2루블을 갚으려면 꽤 벅차지 않겠는가? 그래서 말인데, 지금 절반만 갚으면 안 되겠나?"

이반이 생각해보니 그럴듯한 말이었다. 그래서 방금 전 자기 수중으로 들어온 1루블을 갚았다.

그러고는 유대인 친구의 집을 걸어 나오면서 이반이 혼잣말로 중얼거렸다.

"이거 조금 이상한데? 빌린 1루블은 절반을 미리 갚느라 없어졌는데, 도끼는 담보로 빼앗겼고, 또 내년 봄에 1루블을 갚아야 한다니! 그렇다고 그 친구 말이 틀린 것도 아니고……?"

숫자는 빈틈없고 완벽하지만, 공허하다.
인간들이 끊임없이 그것을 가지고 장난치기 때문이다.

도둑맞았을 때

    돈을 모아 재산을 축적한 남자가 아들에게 자신만의 성공철학을 일러주고 있었다.
    "일이 잘못되어 파산선고를 받더라도 넌 절대 흔들림을 보여선 안 된다. 오히려 아무 일도 없다는 듯 태연하고 명랑한 표정을 짓는 거야."
    "무슨 말씀인지는 알겠어요. 근데 그게 가능할까요?"
    아들의 질문에 아버지는 답답하다는 표정으로 말을 이었다.
    "실례로, 한 여자가 자기 집 닭 한 마리를 도둑맞았다고 치자. 이때 그녀는 도둑이 들었다고 사방팔방에 소리를 질러대선 안 돼."
    "그럼요?"
    "잠자코 이웃집 닭 한 마리를 슬쩍해오는 거야. 그러면 이웃집 사람 역시 또 다른 집의 닭 한 마리를 훔쳐오게 마련이지. 훔치고, 훔치고…… 그런 식이라면 결국 세상 어디선가 닭 한 마리가 계속 부족하게 되겠지만 처음에 닭을 도둑맞은 여자는 아무런 손해를 보지 않게 되는 셈이지. 그런데 도둑이 들었다며 소리치고 마구 난리법석을 떨어봐라. 근처에 있는 닭장에는 모두 열쇠가 채워지고, 결국 자기 혼자만 손해를 보는 꼴이 되지 않겠느냐!"

채우고 채워서 세상을 온갖 재화의 창고로 만들어보라.
훔쳐라! 마음의 곳간이 한 톨의 양식마저 절도당할 때까지……!

동굴 안의 보물

 이삭은 깊은 산중에 있는 동굴을 향해 열심히 산을 올라갔다.
 소문에 의하면, 두터운 문이 가로막고 있는 그 동굴 안에 엄청난 보물이 쌓여 있다는 것이었다. 그 동굴 문은 아주 드물게 열리는데 보물을 차지하려면 문이 열리는 시간을 정확히 맞춰야 한다는 것이다. 정확한 일시를 맞추기 위해 무진 애를 쓴 덕분에 다행히도 이삭은 제시간에 그 동굴 앞에 도착할 수 있었다.
 때가 되자 신기하게도 동굴 문이 스르르 열렸다. 이삭은 주저 없이 그 안으로 걸어 들어갔다.
 얼마나 들어갔을까. 어두컴컴한 동굴 안을 걷던 이삭은 곧 눈앞이 환해지는 것을 느꼈고, 이윽고 산더미처럼 쌓인 보물을 발견했다.
 이삭의 입에서는 자신도 모르게 탄성이 흘러나왔다.
 "우와, 정말 굉장하군!"
 이삭은 동굴이 열려 있는 시간이 아주 짧고 제한되어 있다는 사실을 잘 알고 있었다. 그래서 재빨리 준비해간 포대에 그 보물을 쓸어 담았다.
 그러고는 보물이 가득 담긴 포대를 걸쳐 메고 들뜬 마음으로 동굴을 벗어나기 시작했다.

그런데 얼마나 지났을까. 동굴을 벗어나 산을 내려오던 이삭은 갑자기 동굴 안에 두고 온 지팡이를 떠올리게 되었다. 그 지팡이는 소중한 사람에게서 선물 받은 것으로, 매우 의미가 있는 것이었다.

 그는 무거운 보물을 내려놓고 곧장 동굴 안으로 뛰어갔다. 그런데 이삭이 다시 동굴 안으로 들어간 사이 문이 닫힐 때가 되었고, 미처 빠져나오지 못한 그는 동굴과 함께 영영 사라지고 말았다.

숲 속에 집을 짓는 제비는 작은 나뭇가지 하나만 점유한다.
목마른 사슴은 개울가에서 목을 축일 때 자기 양만 마신다.
인간들은 끊임없이 재물을 긁어모은다. 바로 마음이 비어 있기 때문이다.

마차의 방향

한 남자가 지친 표정으로 터덜터덜 걷고 있는데, 길 맞은편에 마차 한 대가 나타났다.

남자는 얼른 뛰어가 그 마차를 세우고 물어보았다.

"여기서 사마디까지 얼마나 걸리죠?"

마부가 대답했다.

"마차로 반시간쯤 걸립니다."

"그렇다면 그곳까지 저를 태워다주시겠습니까?"

"그렇게 하죠."

마차는 곧 남자를 태우고 달리기 시작했다.

그런데 반시간이 훨씬 지나도록 마을이 나타나지 않는 것이었다. 남자가 의아해하며 물었다.

"사마디까지 아직 멀었습니까?"

마부가 말했다.

"거긴 여기서 한 시간쯤 가야 합니다."

"아니, 뭐라고요? 조금 전에 당신이 반시간 걸린다고 했잖습니까! 그리고 벌써 그 정도는 온 것 같은데……."

그러자 마부가 태연하게 말했다.

"그렇죠. 하지만 이 마차는 지금 정반대 방향으로 가고 있거든요."

소위 말하는 진보에는 정확한 나침반이 필요하다.
사상에 과학이 결합되어야만 하는 명백한 증거다.

대단한 솜씨

이스라엘의 항구도시 아코에는 도둑질을 잘하기로 악명이 높은 루마니아계 유대인이 많이 살고 있는데, 그곳 사람들은 양복을 맞추면 주머니를 모두 꿰맨다고 한다.

다음은 그들의 솜씨가 얼마나 날랜지를 잘 보여주는 이야기다.

하루는 시장 한구석에 펼쳐진 좌판 앞에 세 명의 유대인 남자가 모여 있었다.

그들은 귀하고 값비싸 보이는 회중시계 하나를 똑같이 바라보고 있었는데, 오래 전부터 그곳에 살고 있는 토박이가 말했다.

"나도 머잖아 이런 시계를 갖게 될 거야."

그러자 옆에 있던 다른 유대인은 곧바로 이렇게 말했다.

"난 이런 시계 정도는 벌써 갖고 있어."

이어 루마니아계 유대인은 작은 목소리로 이렇게 중얼거렸다.

"가지고 있을 때가 있었다고 해야지."

악의 근원은 물질 자체가 아니라 물질에 대한 집착이다.

확률의 문제

한 남자가 자기 친구에게 물었다.
"이봐, 자네라면 어느 쪽을 선택하겠나? 백만장자가 되는 것과, 장티푸스 환자가 되는 것 중 하나를 택하라면 말일세."
친구가 코웃음을 치며 대꾸했다.
"그걸 질문이라고 하나? 당연히 백만장자지."
그러자 질문을 한 남자가 이렇게 덧붙였다.
"하지만 잘 생각해보라고. 백만장자는 반드시 죽지만 장티푸스 환자의 사망률은 14퍼센트밖에 안 되는데도?"

어리석은 자여, 그대는 기필코 사망률 14퍼센트 안으로 뛰어들고 말 것이다!

아는 기도문

어느 날 벌판을 지나던 두 사람이 잔뜩 성이 난 황소와 마주치게 되었다.

놀란 그들은 마침 벌판 끝에 위치한 집을 향해 죽어라 도망쳤고, 성난 황소는 맹렬한 기세로 그 뒤를 쫓았다.

두 사람은 정신없이 뛰었다. 하지만 얼마 달아나지 못해 자신들이 피하기엔 너무 늦어버렸음을 깨닫게 되었다.

한 사람이 다른 사람에게 소리쳤다.

"안 되겠어. 도저히 달아날 방도가 없으니 기도나 드리게. 빨리!"

다른 사람 역시 큰 소리로 말을 받았다.

"내 생전에 기도라는 걸 해본 적이 없어! 이런 경우 어떤 기도문을 읊어야 하는지 모르겠다고!"

"이것저것 가릴 여유가 어디 있나! 곧 저놈의 소가 우리를 덮칠 텐데. 그냥 아무 기도문이나 읊어봐!"

"할 수 없군. 그렇다면 기억나는 대로 옛날 아버지가 식사 전에 하시던 기도문을 한번 해보겠네."

그러고는 이렇게 읊조리는 것이었다.

"주여, 우리에게 일용할 양식을 주셔서 감사하옵나이다……."

기도를 하되 자신의 안일이나 당장 무엇을 바라지는 마라.
기도란 다급할 때 하는 것이 아니라 그 이전부터,
그리고 그것으로부터 벗어난 다음에 하는 것이다.
굶주린 늑대에게 쫓기는 상황에서, 굳이 기도를 해야 한다고 늑대의 기도를 대신하는가!

배심원의 수고

한 남자가 일급 살인 혐의로 긴급 체포되었다.

곧 재판이 열렸는데, 남자의 가족은 그가 유죄 판결을 받아 사형에 처해지지 않도록 배심원 한 명에게 엄청난 뇌물을 주었다.

그런데 어디까지나 희망사항일 뿐, 전혀 불가능해 보였던 그 방법이 제대로 먹혀들어갔다. 사형은커녕 단순 치사로 받아들여져 벌금 몇 푼으로 풀려나게 된 것이다.

사건이 일단락된 뒤, 뇌물을 받은 배심원이 남자의 집을 찾아와 말했다.

"자칫하다간 정말 큰일 날 뻔했습니다. 벌금형을 만드느라고 얼마나 혼났는지 모릅니다."

"역시 그랬군요. 다른 배심원들이 모두 사형을 주장하던가요?"

배심원이 고개를 흔들며 말했다.

"사형이라고요? 천만에요! 다들 무죄라면서 제 말은 들으려고도 하지 않더라고요."

어리석은 거위가 여우한테 설교를 들으러 간다.

사연

아침에 회사에 출근해보니 동료가 양쪽 귀를 하얀 붕대로 감싸고 있었다. 그 모습이 어찌나 우스꽝스러운지 모른 척 지나칠 수가 없어서 물어보았다.

"자네, 어쩌다가 귀가 그 모양이 되었나?"

동료가 시큰둥한 표정을 지으며 대답했다.

"아침에 아내가 다리미를 켜놓고 잠시 자릴 비웠는데, 그 사이 전화벨이 울려서 다리미가 수화긴 줄 알고 받다가 그만 이렇게 되고 말았네. 나도 참, 한심도 하지······."

"아, 그렇게 됐군. 그런데 반대쪽 귀는 왜?"

동료가 이번에는 버럭 화를 내며 말했다.

"그 멍청한 작자가 또 전화했지 뭔가!"

죄를 지을 때마다 자신이 상처를 입는다고 자각한다면 절대 죄를 짓지 않을 것이다.
놀랍게도 대다수의 사람들은 자기 자신이 스스로에게 무슨 짓을 하고 있는지
너무나 무감각한 상태에 머물러 있다.

은행 강도

복면을 한 사내가 무기를 들고 은행으로 들어갔다.

"모두 꼼짝 마!"

사내는 은행 안에 있는 사람들을 위협한 다음 현금출납계 앞으로 다가가 총을 들이대며 소리쳤다.

"안에 있는 현금을 다 꺼내! 빨리!"

출납계 직원은 선택의 여지가 없었다. 즉시 돈뭉치를 사내 앞에 꺼내놓았다.

사내가 그 직원에게 물었다.

"이게 전부 얼마지?"

"글쎄요, 대략…… 2억쯤 될 겁니다."

그러자 사내는 그 돈뭉치를 옆에 있는 예금 창구로 밀치며 이렇게 소리쳤다.

"이 돈을 내 계좌로 입금시켜! 계좌번호는……."

인간의 오만과 뻔뻔스러움, 자아도취적인 행동이야말로 얼마나 무모하고 어리석은가!

죽지 않았다는 증거

한 사내가 술에 취해 정신을 차릴 수 없게 되었다. 자정이 훨씬 지난 시각, 길바닥에 벌러덩 자빠져 있던 그는 때마침 순찰 중인 경찰에게 발견되었다.

그런데 경찰이 아무리 살펴봐도 살아 있는 것 같지가 않았다. 그래서 그를 둘러메고 인근 병원의 시체안치소로 갔다.

사내가 정신이 돌아오기 시작한 것은 그로부터 세 시간쯤 지나서였다.

사내는 주위를 두리번거리다가 자신이 처한 상황을 알아채고 깜짝 놀랐다. 그럴 수밖에, 주위에는 온통 죽은 사람뿐이니!

"내가 이런 곳에 와 있다니! 대체 어떻게 된 일이지? 그렇다면 내가 죽었단 말인가? 그렇군! 술을 너무 많이 마시는 바람에 목숨이 끊어진 거야. 그런데 참 이상하군. 죽었는데 어떻게 오줌이 마렵지?"

술에 만취해 정신을 잃은 상태는 죽은 것과 마찬가지다.
그런데 죽었다고 여긴 자신이 죽지 않았음을 깨닫게 해준 것은
대단한 논문이나 과학적인 이론이 아니라 사소하기 짝이 없는 생리적인 현상이다.
만물의 영장인 인간은…… 동물이다.

금연

유대인들의 오랜 관습 중 하나가 안식일에 불을 사용하지 않는다는 것이다. 그래서 그날은 담배도 피울 수 없다.

하지만 복잡해진 오늘날에는 그런 관습이 꼭 지켜지진 않는다. 유대인 코온도 그런 현대적인 감각의 소유자였다.

그런데 코온이 어느 안식일에 담배를 입에 문 채 산책을 즐기고 있는데, 자신도 모르게 화약고 앞까지 오게 되었다.

근무 중이던 보초가 두 눈을 부릅뜨고 소리쳤다.

"이봐, 금연이라는 것도 몰라?"

그러자 코온이 안됐다는 표정을 지으며 중얼거렸다.

"참 나, 이 군인은 여전히 고리타분한 관습에 얽매여 살고 있군 그래."

용기보다 훌륭한 것이 정확한 분별력이다.
매사를 신중하게 판단하여 결정하라. 그리고 무슨 일이든 애매모호한 것은 없다고 생각하라.

여우의 보복

한 농부가 해마다 농사를 망치게 하는 여우 한 마리를 사로잡았다.

항상 당해오기만 한 농부는 이참에 단단히 혼내줄 심산으로, 여우의 꼬리에 기름 적신 헝겊을 동여맨 다음 불을 붙였다.

그러자 여우는 뜨거움을 참지 못해 비명을 지르며 달아나다가 농부의 밭으로 뛰어들었다. 마침 가을이라 농부의 밭에는 추수를 앞둔 곡식이 한창 영글어가고 있었다. 여우의 꼬리에 붙은 불은 순식간에 곡식으로 옮겨가 번져나갔다.

뒤늦게야 농부가 자신의 실수를 깨닫고 울며불며 여우를 붙잡으려 안간힘을 썼지만 뜨거움에 이리저리 날뛰는 여우를 끝내 붙잡지는 못했다.

불나방이 불길 속으로 날아들어 제 몸을 불태우고,
양이 뿔로 울타리를 들이받아 자기 몸을 으스러뜨린다.

잘못 걸렸다

어느 날 물라 나스루딘의 집에 도둑이 들었다. 나스루딘이 잠들어 있음을 확인한 도둑은 그 집의 반반한 물건들을 죄다 자루에 쓸어 담았다.

하지만 나스루딘은 잠든 것이 아니었다. 단지 남의 행동거지에 참견하고 싶지 않은 사람처럼 잠자코 누워 눈만 감고 있었던 것이다. 그러다가 마침내 도둑이 물건을 다 챙기고 슬그머니 꽁무니를 빼어 밖으로 나가자 나스루딘도 잽싸게 몸을 일으켜 그 뒤를 따랐다.

불쑥 뒤로 고개를 돌린 도둑은 나스루딘을 보고 소스라치게 놀랐다.

"헉!"

도둑이 숨넘어가는 소리를 참으며 소리쳤다.

"저리, 저리 가시오!"

그러자 나스루딘은 태연하게 말했다.

"무슨 소리요? 지금 당신이 내 새집을 마련해주려는 게 아니오?"

"그게 무, 무슨……?"

"그렇잖소? 당신이 내 물건을 죄다 쓸어가는데 나더러 텅 빈 집에 혼자 남아 있으라고?"

"용서하시오. 내 잘못이오."

사태를 파악한 도둑이 털썩 자루를 내려놓으며 말했다.

"자, 여기 내가 훔친 물건들 중에 당신 물건이 있소. 나머지는 다른 집에서 훔친 것이오. 그러니 당신 것을 골라가시오."

나스루딘이 눈을 크게 뜨며 되물었다.
"고르라고? 무슨 소리요? 난 내 것, 남의 것을 고르기가 싫소이다!"
"?"
"그러니 나를 데려가든지, 아니면 당신이 가진 물건을 몽땅 내 집에 갖다놓든지 양자택일하시오."
그러자 도둑이 자신의 이마를 때리며 소리쳤다.
"맙소사! 당신은 나보다 더 큰 도둑이오. 그런데 아까 내가 물건을 훔칠 땐 왜 가만히 있었소?"
"평소 다른 사람의 일에 절대로 간섭하지 않는 게 내 철학이외다."
도둑이 더욱 언성을 높이며 소리쳤다.
"내 도둑질 십수 년에 너 같은 놈은 처음 봤다. 만약 내가 널 우리 집으로 데려간다면 넌 아마 주인 행세를 하려 들 것이다. 게다가 내겐 사랑스런 아내까지 있는데……."
나스루딘이 더욱 붙임성 있게 덧붙였다.
"염려 마시오. 우린 동업자니까 모든 걸 나누어 가지면 되잖소! 아마 당신은 머잖아 나처럼 지혜로운 사람과 동업하게 된 것을 감사하게 될 거요."
"하느님 맙소사!"
도둑은 기겁을 하며 소매를 부여잡는 나스루딘을 뿌리치고 그 즉시 달아나버렸다. 나스루딘의 물건은 물론 다른 집에서 훔친 값비싼 물건들을 그대로 놓아둔 채.

사는 게 그렇지, 이런 경우가 어디 한두 가지인가!
잘못 걸리면 죽는다.

나도 몰라

멍청한 남자가 5층 건물 옥상에서 뛰어내렸다.

사방에서 구경꾼이 몰려들었고, 뒤이어 신고를 받고 달려온 경찰이 물어보았다.

"대체 무슨 일이오?"

떨어질 때의 모습 그대로 바닥에 엎드려 있던 남자가 나지막이 대꾸했다.

"모르겠소. 나도 방금 전에 온 걸."

우리는 모른다. 내가 어디서 왔으며, 나는 누구이며, 어디로 가야 하는지를……

두 취객

심야에 술에 만취한 두 남자가 버스정류장에 서 있었다. 둘은 워낙 취해 있었기 때문에 그로부터 몇 시간이 더 지난 뒤에야 막차가 끊어졌다는 사실을 알게 되었다.

난감해진 상황을 알아챈 두 사람은 주위를 이리저리 둘러보고, 곧 죽 늘어선 여러 대의 버스를 발견했다.

그 버스들은 운행을 마치고 주차장에 서 있는 것이었다.

이윽고 두 사람은 그쪽으로 비틀비틀 걷기 시작했다. 그 버스들 중 한 대를 빌려 자신들이 직접 운전해서 집에 갈 생각이었다.

그런데 놀라운 일이었다. 죽 늘어선 버스들 중 유독 그들이 탈 번호를 단 버스가 한 대도 눈에 띄지 않는 것이었다.

둘 중 한 명이 입을 딱 벌리고 중얼거렸다.

"어떻게 이럴 수가 있지? 50대가 넘는 버스 중에서 36번은 단 한 대도 없다니!"

그러자 옆에 있던 다른 취객이 그 말을 받았다.

"까짓것, 걱정할 필요 없어. 일단 122번 버스를 몰고 종점까지 가는 거야. 그런 다음 거기서부터 집까지 걸어가면 돼. 2킬로미터쯤 되니까 금방이라고."

똑같이 출발했더라도 어리석은 사람은 그 뻔한 길을 빙빙 돌아갈 줄 안다.

터무니없는 항의

 미국의 유명 배우가 프랑스를 여행하던 중 대저택에서 하룻밤을 묵게 되었다.
 그런데 그가 방문한 첫날은 사건의 연속이었다. 잘생긴데다 매력이 철철 넘쳐흐르는 남자를 그 집 여자들이 가만 놔두질 않았던 것이다.
 배우는 그 집 안주인과 그녀의 두 딸, 심지어 자신에게 반하여 육탄으로 돌격해오는 두 명의 매력적인 가정부와도 정열적인 시간을 보냈다.
 문제는 그 이튿날이었다.
 황홀경에 빠진 여운을 즐기느라 느지막이 침대에서 눈을 뜬 배우는 눈앞의 상황에 기겁을 하고 말았다. 그 집 남자 주인이 엽총을 들고 그를 노려보고 있는 게 아닌가.
 "무, 무슨 일이죠?"
 겁에 질린 배우에게 집주인이 비난을 퍼부었다.
 "당신 대체 어떻게 그럴 수가 있는 거요?"
 "!"
 배우는 간밤의 일이 마음에 걸려 고개를 들지 못했다.

집주인의 비난이 계속 퍼부어졌다.

"당신은 여기에 내 손님으로 온 것이오. 난 당신을 친구로서 최대한 환대해주었소. 그런데 한번 보시오. 당신은 대체 무슨 짓을 했소? 당신은 내 마누라와 딸은 물론이고 우리 집 가정부들까지 건드렸소. 그런데, 그런데 대체 왜 나한테는 아무것도 안 해주는 거요?"

어리석은 자는 모든 것을 자기 것으로 삼아야 만족한다.
그것이 행이든 불행이든 계속해서 자기 몫으로 축적하려 든다.

가짜 그림

하루는 미술품 소장가가 하산을 찾아와 눈물을 흘리며 탄식했다.

"내 침실의 침대 위에는 고갱의 그림이 걸려 있습니다. 오래 전에 엄청난 돈을 주고 사들인 작품이지요. 그런데 최근에 이 그림이 가짜라는 사실을 알게 되었습니다."

하산이 그를 위로하며 말했다.

"침대 위에 걸린 것 따위가 가짜면 어떻습니까?"

"?"

"중요한 건 당신 침대 속에 있는 것이 진짜인지 아닌지가 문제죠."

진실은 오래도록 변함이 없다.
오직 가짜만이 모양을 바꾸고 변죽을 떨며, 수시로 진짜 행세를 할 기회를 노리고 있다.

쓸데없는 이야기

모처럼 시내에 나갔다 돌아온 제자가 만사를 제쳐놓고 시내에서 들은 이야기를 스승에게 전해주고 싶어 안달하고 있었다.
"스승님, 들리는 풍문에 의하면……."
바로 그때였다.
"잠깐만 기다려라."
스승이 제자의 말을 끊고 물었다.
"네가 나한테 들려주려는 이야기가 실제로 있었던 일이냐?"
제자가 우물쭈물 대답했다.
"아닙니다. 꼭 그런 것 같지는 않습니다만……."
"그럼 유익한 말이더냐?"
"꼭 유익하다고 여겨지지는 않습니다."
"그럼 재미있는 이야기더냐?"
"그런 것도 아닙니다."
그러자 스승이 말했다.
"그렇다면 넌 그런 이야기를 왜 하필 지금 들려주려 하느냐?"
"……."

인간에게 말을 배우고 신에게 침묵을 배운 인간, 인간은 신의 닮은꼴이다.
인간에게도 완벽한 침묵이 가능한 이유다.

대머리가 된 남자

　어느 남자가 두 여자를 아내로 거느리고 있었는데, 한 여자는 젊고 다른 여자는 남자보다 나이가 많았다.
　그런데 나이 든 여자는 자기보다 젊은 사내와 같이 산다는 게 몹시 부끄러웠다. 그래서 그와 잠자리를 같이할 때마다 그의 검은 머리카락을 조금씩 뽑아냈다.
　한편 젊은 여자는 자기가 나이 든 남자와 같이 산다는 사실을 숨기기 위해 그의 흰 머리카락을 뽑아냈다.
　이렇게 두 여자가 검은 머리카락, 흰 머리카락을 뽑아내는 바람에 얼마 지나지 않아 사내는 대머리가 되고 말았다.

인간은 매사를 자기 관점으로만 보고 있다.
무엇이 나에게 어떻게 좋은지, 누가 나한테 얼마나 영향을 줄지에 집착하느라
내가 아닌 남을 온전히 파악하고 이해한다는 것이 불가능해졌다.

잃어버린 황금

　평생 동안 번 돈을 한 푼도 쓰지 않은 구두쇠가 있었다.
　그는 다른 사람들에 대한 의심도 매우 많았다. 그래서 함부로 자기 재산을 맡길 수가 없었다. 결국 그는 전 재산을 황금으로 바꾼 뒤 큰 항아리에 넣어 자기 집 정원에 묻어두었다. 그러고는 주말마다 한 번씩 그 구덩이를 파고 몇 시간씩 황금을 바라보곤 했다.
　그런데 어느 날 도둑이 들어 정원에 감춰둔 황금을 몽땅 훔쳐가버렸다. 주말이 되어 여느 때처럼 그곳을 파본 구두쇠는 덩그러니 빈 항아리를 발견하고는 망연자실 주저앉고 말았다. 이어 그는 땅을 치며 통곡했다.
　곧 울음소리에 놀란 이웃사람들이 몰려왔고, 자초지종을 알게 된 한 이웃은 그에게 이렇게 물었다.
　"그 황금으로 한 번이라도 뭘 사본 적이 있소?"
　구두쇠가 고개를 절레절레 흔들었다.
　"아니, 난 그저 매주 한 번씩 쳐다보기만 했을 뿐이라오."

그러자 그 이웃은 이렇게 말하는 것이었다.
"그래요? 그렇다면 그렇게 슬퍼할 일도 못 되는 것 같군."
"아니, 뭐라고?"
"매주 황금을 바라보았듯이 주말마다 이곳에 와서 텅 빈 항아리를 쳐다보면 되지 않겠소!"

인간이 부자나 가난뱅이로 나뉠 수 있는 척도는 갖고 있는 물질의 양이 아니라
삶을 즐길 수 있는 능력이어야 한다.
빚이란 빚은 죄다 긁어모으려 하는 그대, 그대의 머리카락은 이미 다 빠지고 없구나!

타르

한 수피가 우연히 배를 만드는 조선소를 구경하게 되었다.

마침 한쪽에는 모닥불이 피워져 있었는데, 수피는 그 불이 무엇에 쓰이는지 전혀 알 수 없었다. 그래서 일꾼들 중 한 명을 붙잡고 물어보았다.

"날도 더운데, 저 불은 왜 피우는 거요?"

일꾼이 대답했다.

"아, 타르를 만들려고요."

"타르?"

"예, 배 밑창의 틈새를 메우는 거죠. 그러면 배가 훨씬 더 잘 나가거든요."

"아하!"

수피는 비로소 그 모닥불의 쓰임새와 타르라는 것에 대해 알게 되었다.

그날 집으로 돌아온 수피는 자신의 느려터진 당나귀를 묶어놓기가 무섭게 모닥불을 피웠다. 이어 커다란 냄비에 타르를 담아 녹이기 시작했다.

타르가 끓었고, 수피는 그것을 들고 당나귀에게 다가갔다. 그러자 당나귀는 단번에 줄을 끊고 쏜살같이 내달려 도망쳤다.

그 광경에 놀란 수피가 중얼거렸다.

"빠르긴 정말 빠르군!"

사고는 행동의 씨앗이다.
생각하는 기술을 가르쳐야지 생각한 것을 가르쳐서는 안 된다.

도둑은 나쁘지 않아

한 남자가 수표를 현금으로 바꾸기 위해 차를 타고 은행에 갔다. 그런데 용무를 마치고 차로 돌아와보니 값비싼 코트가 감쪽같이 사라져버린 게 아닌가.

그러자 남자의 사정을 들은 주변 사람들이 그를 에워싸고 저마다 한마디씩 던졌다.

"당신이 나빴소. 코트를 눈에 띄지 않는 곳에 놓아뒀어야지!"

다른 사람이 말했다.

"운전사 잘못이오. 그가 주의하지 않아서 도둑맞은 거야!"

"은행 수위 잘못이 크다고. 누가 훔쳐가는지 지켜봤어야지!"

그러자 코트를 잃어버린 남자는 이렇게 중얼거리는 것이었다.

"맞아, 우리 세 사람 모두 나빴어. 나쁘지 않은 사람은 오직 그 도둑놈뿐이야. 그놈은 그것을 팔아 단단히 한몫 챙길 테니까!"

눈에 잘 띄지 않는 불행과 어둠을 저주하기보다는
눈에 보이는 행복을 불평하는 것이 훨씬 더 재미있고 수월하다.

카네기

　세계적인 철강왕 앤드류 카네기는 언젠가 다음과 같은 질문을 받은 적이 있다.
　"당신은 이미 엄청난 부자입니다. 더 이상 벌어서 뭘 하려고 그럽니까? 마음만 먹으면 언제든지 그만둘 수 있지 않습니까?"
　"옳은 말입니다."
　그가 대답했다.
　"하지만 나는 멈출 수가 없습니다. 어떻게 그만둬야 하는지를 이미 오래 전에 잊어버렸거든요."

인간은 자신이 어느 순간 생각하는 기능을 멈춰버리면
다시는 회복할 수 없을지도 모른다는 두려움에 끊임없이 생각의 끈을 붙잡고 있다.
안심하라, 제발 그 집착의 끈을 놓아버려라!

대단한 일

허풍이 심한 부자가 집 구경을 시켜준다며 수피를 자기 집으로 데려갔다.

부자는 귀한 예술품과 값비싼 양탄자, 그리고 이 방 저 방에 가득 채워진 온갖 보물을 차례대로 보여주었다.

한참 만에 집 안내를 마친 부자가 수피에게 물었다.

"그래, 그대가 보기에 가장 인상 깊었던 것이 무엇이지요?"

그러자 수피가 시선을 발밑으로 향하며 이렇게 말했다.

"정말 대단해요. 이렇게 육중한 건물의 무게를 견뎌내다니…… 땅은 정말 엄청나요, 그렇죠?"

인간이 사리사욕에 사로잡히면 굳센 기강도 꺾이고,
명철하던 지혜도 흐려지며, 결백하던 마음도 더러워지고 만다.

나도 저 정도는

　실업자로 빈둥거리던 하산이 어느 날 오케스트라 매니저로 일하는 친구를 찾아가 말했다.
　"어려운 부탁인 줄 알지만, 사실은 나도 오케스트라에서 일해보고 싶네."
　친구가 놀랍다는 표정을 지으며 대꾸했다.
　"뭐, 자네가 악기를 다룰 줄 안다고? 금시초문인데?"
　"맞아, 사실 전혀 다룰 줄 모르지."
　"……?"
　이어 하산은 옆에서 한창 연습 중인 악단을 가리키며 이렇게 덧붙였다.
　"하지만 저기 저 사람 말일세. 다른 연주자들은 열심히 연주하고 있는데, 저 사람은 앞에 서서 조그만 막대기만 이리저리 휘두르고 있지 않은가? 저 정도는 나도 할 수 있을 것 같은데…… 안 그런가?"

진정 빼어난 능력은 때때로 전혀 아무것도 아닌 것처럼 보이기도 한다.

슬픈 법률가

홀륭한 인격과 이론으로 사람들의 칭송을 한 몸에 받는 법률가가 있었다.

인류를 위해 많은 업적을 남긴 그도 나이가 들어 어느덧 은퇴를 하게 되었다. 대대적인 은퇴식이 치러졌고 세계 각국에서 많은 축하객이 몰려들었다.

그런데 정작 행사의 주인공인 법률가는 매우 슬픈 표정을 짓고 있는 게 아닌가.

그 모습을 보고 의아하게 여긴 제자가 물어보았다.

"선생님께서는 정말 성공적인 인생을 살아오셨습니다. 만인의 존경을 받았고 인류 공영을 위해 많은 업적을 남겼습니다. 그런 선생님께서 오늘 같은 날 그렇게 슬픈 표정을 지으시다니요?"

법률가가 말했다.

"그렇지만 오늘 난 매우 슬프다네. 난 결코 법률가 따윈 되고 싶지 않았어!"

"?"

"난 원래 화가가 되고 싶었지. 그런데 실수로 법률가가 되고 만 거야. 난 결코 원치 않던 일에 내 평생을 허비해버린 거라고!"

오랫동안 갈증에 시달린 사람은 세상의 무엇보다도 물이 마시고 싶었다.
하지만 세상 사람들이 온통 우유가 더 좋다고 강요하는 바람에,
바로 옆에 있는 물을 놔두고 평생토록 우유만 마셔댔다.

지네의 발

옛날에 발이 하나밖에 없는 용이 있었다.

어느 날 용이 땅 위를 기어가는 지네를 발견하고는 신기해하며 물었다.

"너는 그처럼 많은 발을 도대체 어떻게 놀리는 거냐? 나는 이 하나밖에 없는 발도 놀리기가 힘든데 말이지."

"사실은 말이야……."

지네가 말했다.

"나는 전혀 놀리기 위해 애쓰지 않아."

성성(聖性)이란 무언가를 행함으로써 얻어진다기보다
그것이 생기는 대로 내버려두는 것이다.

생활을 쫓는 남자

한 남자가 주위를 둘러볼 겨를도 없이 다급하게 뛰어가고 있었다.
그 모습을 본 현자가 그를 불러세우며 물었다.
"무엇 때문에 그렇게 서두르는 겁니까?"
숨을 헐떡이며 남자가 대답했다.
"생활을 쫓아가려고 이럽니다."
"생활을 쫓아간다고?"
현자가 혀를 끌끌 차며 한마디 해주었다.
"당신은 생활이 저만치 앞서간다, 그래서 쫓아가고 있다고 말하지만 실제로는 생활이 당신을 쫓고 있는 것이 아니겠소? 당신은 그저 가만히 생활이 쫓아오기만을 기다리면 되는 것이오. 그런데 뭘 그리 서두르는 거요?"

힘들게 일하면서, 하루하루를 눈코 뜰 새 없이 살아가는 우리.
행복해지기 위해 일한다지만 우린 단지 일을 위해 일하고 또 일하고 있지 않은가.

황금 배꼽을 가진 남자

어느 나라에 황금 배꼽을 가진 남자가 있었다.

사실 황금 배꼽이라면 매우 자랑스러울 수도 있지만, 그 남자는 달랐다. 번쩍번쩍 빛나는 배꼽이 여간 불편한 게 아니었다. 수영이나 샤워를 같이하던 친구들이 배꼽을 만지려 들 때면 쥐구멍에라도 들어가고 싶은 심정이었다.

결국 성격까지 우울하게 변해버린 그는 마침내 기도를 시작했다. 자신의 배에 달라붙은 황금 배꼽을 없애달라고 빌고 또 빌었다.

신이 그의 절박한 심정을 알아주기라도 한 것일까. 어느 날 꿈을 꾸게 되었는데, 한 천사가 나타나 그의 배를 가만히 굽어보더니 그 황금 배꼽의 나사를 풀어버리는 것이었다.

남자는 곧 잠에서 깨어났고, 즉시 자기 배꼽을 들여다보았다. 그런데 놀랍게도 꿈에서처럼 황금 배꼽이 빠져 있는 것이었다. 그의 배꼽은 머리맡에 놓인 작은 테이블 위에서 번쩍번쩍 빛나고 있었다.

황금 배꼽이 빠졌다는 사실에 남자는 너무나 기뻐하며 몸을 벌떡 일으켰다. 그러고는 침대 밑으로 껑충 뛰어내렸다. 순간 그의 아랫도리가 쑥 빠져버렸다.

변화는 쉽지 않다. 그러나 더욱 어려운 것은 그 변화를 똑바로 인식하는 일이다.
현명한 인간만이 자신과 타인에 대한 변화를 안전하고 올바르게 받아들일 줄 안다.

돌팔이들

한 남자가 고통으로 심하게 일그러진 얼굴로 다리를 절뚝거리며 걸어가고 있었다.

때마침 그 곁을 지나던 의사가 그를 발견하고는 말했다.

"보아하니 당신은 맹장염이 틀림없소. 당장 우리 병원으로 가 수술을 받읍시다."

고통스러워하던 남자는 망설이지 않고 그 의사를 따라가 맹장염 수술을 받았다. 그런데 별다른 차도가 없었다.

그래서 다른 의사를 찾아갔는데, 몸의 균형 감각에 이상이 있다면서 한쪽 귀의 고막 치료를 권했다. 하지만 그 수술도 별 도움이 되지 못했다.

남자가 또다시 다른 병원을 찾아가보니 이번에는 항생제 치료를 권했다.

그러나 그것도 그때뿐이었다. 다시 다른 의사를 찾아가니 편도선을 제거해야 한다고 해서 수술을 받았다.

그런 식으로 남자는 여러 병원을 전전했고, 그때마다 몸의 기관 하나하나가 없어져버렸다.

그로부터 몇 달이 지난 어느 날이었다.

남자가 모처럼 평온한 얼굴로 거리를 걷고 있는데, 한때 그를 치료해 준 적이 있는 의사가 달려와 아는 체했다.

"정말 놀랍군요. 이젠 거의 완치가 된 것 같습니다. 비록 난 실패하고 말았지만 유능한 의사가 결국 당신의 병을 고쳐놓았군요."
"흥, 의사라고?"
남자가 화를 내며 말했다.
"당신네 수많은 돌팔이들이 치료를 한답시고 내 몸 이곳저곳에 손을 댔소. 하지만 나를 고친 건 바로 나 자신이오. 구두 밑창에 박힌 못을 뽑아버린 사람은 바로 나니까!"

건강하다고 자부하는 사람이라도 병원에 한번 가보라.
그러면 그들은 즉시 그대가 모르고 있던 많은 병을 발견하여 치료할 것이다.
우리는 그들을 위해 항상 많은 병을 지니고 있어야 한다.
세상이 어지럽고 문제가 복잡할수록 지식인들은 더없이 행복해한다.
자신들의 박식함과 재주를 보여줄 기회가 온 것이다.

매와 올빼미

    수십 년간 왕의 귀여움을 독차지하던 매 한 마리가 어느 날 허물어져 거의 폐허가 되다시피 한 야트막한 성벽에 내려앉았다.
    그러자 그곳에 거처하고 있는 올빼미들이 일제히 경계의 눈초리로 매를 노려보았다.
    올빼미들을 굽어보며 매가 말했다.
    "이곳이 자네들한테 얼마나 좋은지는 몰라도 내겐 그렇지 않네. 나한텐 왕의 손목 위가 가장 훌륭한 곳이지."
    그러자 매를 노려보던 늙은 올빼미가 이렇게 외치는 것이었다.
    "저 말을 믿지 마라! 저놈은 지금 우리 집을 뺏으려고 저러는 거다!"

남을 너무 믿으면 배신당할 수도 있지만,
그렇다고 믿지 않으면 항상 의심하는 고통 속에서 살다가 죽을 것이다.

시련이 필요한 이유

매일같이 고목의 썩은 둥지 안에 몸을 숨기고 살아가는 새가 있었다.

그 고목은 주변에 나무 한 그루 없는 황량한 평원 한가운데에 서 있었는데, 어느 날 거센 태풍이 불어 뿌리째 뽑혀나갔다.

고목을 잃은 그 새는 보금자리를 찾아 먼 여행을 해야 했다. 그리고 마침내 먹음직스런 과일이 주렁주렁 매달린 나무숲에 이르렀다.

태풍이 오지 않아 고목이 쓰러지지 않았다면
그 새는 썩은 둥지를 포기하지 않았을 것이다.
무슨 일이 잘되지 않는다고 쉽게 포기하려 들지 마라.
인간 역시 고난을 겪으며 성장하고 깨달아간다.

교활한 사기꾼

　교활하기 이를 데 없는 사기꾼이 행각이 탄로 나 마을 사람들에게 붙잡혔다.
　사람들은 그를 커다란 나무에 묶어놓은 뒤 저녁에 바다로 던져버리기로 하고 일을 하러 나갔다. 사기꾼은 꼼짝도 못한 채 나무에 묶여 있었다.
　그로부터 얼마 지나지 않아 어수룩한 양치기가 그 앞을 지나가게 되었다.
　사기꾼을 본 양치기가 의아해하며 물었다.
　"어째서 그렇게 묶여 있는 거죠?"
　그러자 사기꾼은 이렇게 둘러댔다.
　"아 글쎄, 알지도 못하는 사람들이 돈을 준다고 해서 안 받겠다고 했더니 이렇게 묶어버리지 뭐요."
　양치기가 깜짝 놀라며 또다시 물었다.
　"아니, 그 사람들이 왜 당신한테 돈을 주려고 해요? 또 당신은 무슨 이유로 거저 주겠다는 돈을 마다하고?"
　사기꾼이 의연한 표정을 지으며 말했다.
　"사실 난 돈에 전혀 관심이 없는 깨끗한 사람이라오. 그들의 목적은 이런 나를 시기하여 더럽히려는 것이고, 정말 사악하기 이를 데 없는 자들이지 않소?"
　모자라도 한참이나 모자란 양치기가 잠시 머리를 굴려보았다.

'이게 웬 횡재야? 힘들여 양떼를 몰 필요도 없이 가만히 앉아서 굴러 들어오는 돈만 받으면 될 일 아닌가······.'

그래서 양치기가 사기꾼에게 말했다. 자기가 대신 묶여 있을 테니 사람들이 나타나기 전에 얼른 달아나라고.

양치기가 줄을 풀어주자 사기꾼은 '옳다구나' 하고 양떼를 몰고 잽싸게 그곳에서 도망쳤다.

날이 어두워지자 마을 사람들이 그 나무 밑으로 모여들었다. 그런데 워낙 캄캄해서 얼굴을 알아볼 수가 없었다. 그들은 양치기를 사기꾼으로 알고 머리에 자루를 씌워 꽁꽁 묶은 뒤 바다로 집어던져버렸다.

그런데 이튿날 아침, 마을 사람들은 깜짝 놀랐다. 분명 자신들이 바다로 집어던진 사기꾼이 유유히 마을에 나타난 것이 아닌가. 그것도 양떼까지 거느리고!

"저자가 살아 있다니, 대체 어찌된 영문이지? 양들은 어디서 났고?"

그러자 교활한 사기꾼은 이렇게 둘러댔다.

"글쎄, 제 말 좀 들어보십시오. 저 바닷속에 정말 근사한 영혼들이 살고 있지 뭡니까?"

"?"

"바다에 빠진 사람에게 커다란 상을 주는 착한 영혼들 말이에요."

사기꾼의 말이 끝나기가 무섭게 마을 사람들은 앞다퉈 바닷속으로 뛰어들었다.

판단이 중요하다. 어떤 상황에 처할지라도
항상 가장 좋은 상태에서 사람이나 사물을 판단하는 연습을 하라.

진짜가 되어야

어느 날 한 청년이 늙은 수피를 찾아와 불평을 늘어놓았다.

"저는 여태껏 수많은 스승과 영적 지도자를 찾아다녔습니다. 그들에게 많은 가르침과 교훈을 얻었고요. 하지만 수피들한테서만큼은 그러지 못했습니다."

"아니, 그게 무슨 소린가?"

"예, 그들의 가르침은 도무지 이해하기 힘들었을 뿐더러 큰 도움도 얻을 수 없었습니다. 게다가 그들은 장사를 하여 사치스런 생활을 하는 등, 제가 만난 수피들은 정말 형편없는 작자들이었습니다."

이야기를 다 듣고 난 늙은 수피가 자기 손가락에 끼고 있던 금반지 하나를 빼어 청년에게 건네주었다. 그러고는 이렇게 말했다.

"이걸 장터 노점상들한테 가지고 가서 금화로 바꿔올 수 있겠나?"

그 정도쯤은 식은 죽 먹기라고 생각한 청년은 반지를 들고 시장 거리로 나갔다.

하지만 청년은 곧 그 일이 만만치 않음을 깨닫게 되었다. 반지 값으로 금화 한 냥은커녕 은화 한 닢 쳐주겠다는 노점상도 없었던 것이다.

청년이 허탕을 치고 돌아오자 수피가 이렇게 말했다.

"그럼 이번엔 진짜 보석상을 찾아가 이 반지를 팔아 가지고 오게나."

청년은 시큰둥한 표정으로 다시 보석상을 찾아갔다.

그런데 이게 웬일인가. 반지를 받아든 보석상이 곧바로 금화 100냥을 내놓는 게 아닌가.

어리둥절해진 표정으로 돌아온 청년을 앉혀놓고 수피가 다시 입을 열었다.

"이보게, 정말로 보석의 가치를 알고 싶다면 진짜 보석상이 되어야 하지 않겠는가!"

진짜인 척하는 가짜는 수없이 많다. 진짜 딱 하나만이 그 속에 숨어 있다.
그런데 그 수많은 가짜를 제치고 어떻게 진짜를 구분해낸단 말인가!

옷을 지킬 게 아니라

무더운 여름날, 길을 걷던 수피는 더 이상 더위를 참을 수가 없었다.
그래서 강가에 이르자마자 재빨리 옷가지를 벗어던지고 물속으로 뛰어들었다.
"어이, 시원하다!"
수피가 여유롭게 수영을 즐기고 있는데, 때마침 그곳을 지나던 탁발승이 길가에 벗어놓은 그의 옷가지를 보게 되었다.
'이런 곳에 함부로 옷을 벗어놓다니……!'
탁발승은 누가 옷을 훔쳐가지 않을까 염려되었다. 그래서 주인이 돌아올 때까지 그것을 지키고 서 있었다.
수영을 마치고 물가로 나온 수피에게 탁발승이 물었다.
"이 옷, 당신 것이오?"
"그렇소만, 무슨 일로 남의 옷에 신경을 쓰시오?"
"?"
탁발승은 옷을 지켜주었는데도 예의를 갖추기는커녕 대뜸 시비조로 나오는 수피의 태도에 어이가 없었다.

그런데 수피는 이렇게 말하는 것이었다.

"벗어놓은 옷을 지킬 게 아니라 옷을 벗어놓은 사람을 걱정해야 하지 않겠소?"

그렇다! 옷이야말로 육신을 가리는 천 조각에 불과하다.
그런데도 가슴에 화살을 맞은 사람이 비싼 옷감에 구멍이 났다고 한탄하는 꼴이라니!

막강한 영향력

어느 수피가 긴장이 풀린 나머지 자신도 모르게 떠벌렸다.

"내 곧 이 도시를 멸망케 하리라!"

그 소리를 들은 사람들은 처음에 무척 놀라는 듯했다.

하지만 그뿐이었다. 저 사람이 실성을 했거니 하면서 대수롭지 않게 여겨 별다른 소동이 벌어지지 않았다. 누구도 그 수피를 건드리지 않았고, 수피는 결국 실없는 떠버리가 되어버렸다.

그런 일이 있고 한참이 지난 어느 날이었다.

혼자 산책을 즐기던 그 수피가 우연히 어떤 열매가 달린 나무를 발견하고는 그 나무로 기어오르기 시작했다. 그런데 그만 발을 헛딛는 바람에 아래로 굴러떨어지고 말았다.

떨어진 수피는 공교롭게도 머리로 커다란 저수지 밑동을 들이받았고, 그 바람에 저수지가 터져 온 도시가 삽시간에 물바다로 변해버렸다.

나를 진정으로 사랑하려면 남을 저주하지 마라.
우리가 누군가를 저주할 경우,
그것은 단지 그 누군가의 모습을 빌려 자신 속에 있는 무언가를 저주하는 것이다.

잠든 사람

 어느 집에 불이 났는데, 한 남자가 아무것도 모른 채 깊은 잠에 빠져 있었다.
 보다 못한 사람들이 불길을 헤치고 집 안으로 뛰어들어 창문으로 그를 끄집어내려 했지만 실패하고 말았다. 그래서 남자를 방문으로 데리고 나오려 했지만 그 역시 헛수고로 끝나버렸다. 뾰족한 방법이 없는데다 덩치까지 커서 여간 난처한 일이 아니었다.
 다들 어찌할 바를 몰라 안절부절못하고 있는데, 때마침 안으로 뛰어든 남자가 이렇게 소리치는 것이었다.
 "그 친군 지금 잠들어 있어. 흔들어서 깨우라고! 그러면 스스로 걸어 나갈 테니까!"

도움이 필요한 사람은 깊이 잠든 이와 어린아이뿐이다.
우리에게는 가능성이 있다. 잠에서 깨어나라! 그리고 성장하라!